プリント形式のリアル過去問で本番の臨場感！

岡山県公立高等学校

2025年*春 受験用

解答集

本書は，実物をなるべくそのままに，プリント形式で年度ごとに収録しています。
問題用紙を教科別に分けて使うことができるので，本番さながらの演習ができます。

■ 収録内容

JN046718

・解答集（この冊子です）

　　　書籍ＩＤ番号，この問題集の使い方，最新年度実物データ，教科別入試データ解析，

　　　解答例と解説，ご使用にあたってのお願い・ご注意，お問い合わせ

・2024（令和６）年度 ～ 2022（令和４）年度　学力検査問題

・リスニング問題音声《オンラインで聴く》　詳しくは次のページをご覧ください。

○は収録あり	年度	'24	'23	'22		
■ 問題（一般［第Ⅰ期］・特別）		○	○	○		
■ 解答用紙		○	○	○		
■ 配点		○	○	○		
■ 英語リスニング音声・原稿		○	○	○		

全教科に解説
があります

注）国語問題文非掲載:2024年度特別の2，2023年度一般［第Ⅰ期］の1
と特別の3

問題文の非掲載につきまして

　著作権上の都合により，本書に収録して
いる過去入試問題の本文の一部を掲載して
おりません。ご不便をおかけし，誠に申し
訳ございません。

　本文の一部を掲載できなかったことによ
る国語の演習不足を補うため，論説文およ
び小説文の演習問題のダウンロード付録が
あります。弊社ウェブサイトから書籍ＩＤ
番号を入力してご利用ください。

　なお，問題の量，形式，難易度などの傾
向が，実際の入試問題と一致しない場合が
あります。

教英出版

■ 書籍ID番号

リスニング問題の音声は，教英出版ウェブサイトの「ご購入者様のページ」画面で，書籍ID番号を入力してご利用ください。

入試に役立つダウンロード付録や学校情報なども随時更新して掲載しています。

 書籍ID番号 **181531**

（有効期限：2025年9月30日まで）

【入試に役立つダウンロード付録】
「ラストチェックテスト（標準／ハイレベル）」
「高校合格への道」

【リスニング問題音声】
オンラインで問題の音声を聴くことができます。
有効期限までは無料で何度でも聴くことができます。

■ この問題集の使い方

年度ごとにプリント形式で収録しています。針を外して教科ごとに分けて使用します。①片側，②中央のどちらかでとじてありますので，下図を参考に，問題用紙と解答用紙に分けて準備をしましょう（解答用紙がない場合もあります）。

針を外すときは，けがをしないように十分注意してください。また，針を外すと紛失しやすくなりますので気をつけましょう。

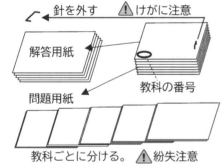

※教科数が上図と異なる場合があります。
解答用紙がない場合や，問題と一体になっている場合があります。
教科の番号は，教科ごとに分けるときの参考にしてください。

■ 最新年度 実物データ

実物をなるべくそのままに編集していますが，収録の都合上，実際の試験問題とは異なる場合があります。実物のサイズ，様式は右表で確認してください。

問題用紙	A4冊子（二つ折り）
解答用紙	A3プリント（問題表紙裏）

岡山県 公立高校入試データ解析 国語

一般入学者選抜のみ分析しました。

分野別データ		2024	2023	2022
大問の種類	長文　論説文・説明文・評論	○	○	○
	長文　小説・物語	○	○	○
	長文　随筆・紀行文			
	古文・漢文	○	○	○
	詩・短歌・俳句			
	その他の文章	○	○	○
	条件・課題作文			
	聞き取り			
漢字・語句	漢字の読み書き	○	○	○
	熟語・熟語の構成			
	部首・筆順・画数・書体			
	四字熟語・慣用句・ことわざ			
	類義語・対義語			
文法	品詞・用法・活用	○		○
	文節相互の関係・文の組み立て			
	敬語・言葉づかい			
文章の読解	長文　語句の意味・補充		○	
	長文　接続語の用法・補充		○	
	長文　表現技法・表現の特徴	○	○	○
	長文　段落・文の相互関係			
	長文　文章内容の理解	○	○	○
	長文　人物の心情の理解	○	○	○
	古文・漢文　歴史的仮名遣い		○	
	古文・漢文　文法・語句の意味・知識	○	○	○
	古文・漢文　動作主			
	古文・漢文　文章内容の理解	○	○	○
	詩・短歌・俳句			
	その他の文章	○	○	○

形式データ	2024	2023	2022
漢字の読み書き	4	4	4
記号選択	10	12	9
抜き出し	7	4	3
記述	4	3	7
作文・短文	1	1	1
その他			

2025 年度入試に向けて

2024 年度は，文学的文章，古典(漢文書き下し文・現代語訳・解説)，説明的文章，話し合いと複数の資料(条件作文を含む)という，大問 4 つの構成だった。漢字の読み書きや文法などの基本的な内容から，文章内容や心情の理解を問うものまで，幅広く出題されている。説明の空欄を埋める問題は，空欄の前後をよく確認し，過不足なく答えよう。記号問題は，選択肢を最後までしっかり読み，本文や資料の内容と合っているか，どこが間違っているのかを落ち着いて判断していこう。作文では，条件を満たしたうえで自分の考えを述べることを求められる。過去問を使って，短時間で字数内にまとめる練習をしておこう。

一般入学者選抜のみ分析しました。

分類		2024	2023	2022	問題構成		2024	2023	2022
式と計算	数と計算	○	○	○	小問		1(1)～(6)計算問題	1(1)～(5)計算問題 (6)2次方程式の文章問題 (9)反例	1①～⑥計算問題
	文字式	○	○	○					
	平方根	○	○	○					
	因数分解			○	大問		3カレンダーの並ぶ数字をもととした整数の性質	3文字式と連立方程式の文章問題	2文字式と連立方程式の文章問題
	1次方程式								
	連立方程式	○	○	○					
	2次方程式	○							
統計	データの活用	○	○	○	小問				1⑨箱ひげ図
					大問		2標本調査等	2箱ひげ図等	
	確率	○	○	○	小問		1(8)3枚の硬貨	1(8)起こらない確率	42個のさいころ
					大問				
関数	比例・反比例	○	○		小問		1(7)2乗に比例する関数の比例定数	1(7)反比例の式	1⑧グラフの通る点
	1次関数	○	○	○					
	2乗に比例する関数	○	○	○					
	いろいろな関数								
	グラフの作成				大問		4文章問題 ナースウォッチと反比例等	4文章問題 パラボラアンテナと放物線，直線	3座標平面 放物線 三角形，四角形
	座標平面上の図形		○	○					
	動点，重なる図形								
図形	平面図形の性質	○	○	○	小問		1(9)回転体の体積 (10)4点が円周上にある理由の説明	1(10)弦によって切り取られる図形の面積	1⑦おうぎ形の面積 ⑩作図
	空間図形の性質	○		○					
	回転体	○							
	立体の切断								
	円周角	○	○						
	相似と比			○	大問		5平面図形 正三角形， 三角形， 平行な直線	5平面図形 正五角形， 三角形	5空間図形 正四角すい， 展開図
	三平方の定理	○	○	○					
	作図	○		○					
	証明	○	○	○					

2025 年度入試に向けて

後半の大問の問題文が非常に長く，理解が不十分では解けない問題も含まれる(特に 2024 年度)。制限時間内に，長い問題文を根気よく読み，ミスのないように確実に点を取る力が求められる。近県の広島県や山口県でも文章が長い問題が出題されているので，練習として過去問を解いておきたい。

一般入学者選抜のみ分析しました。

分野別データ		2024	2023	2022	形式データ			2024	2023	2022
音声	発音・読み方				リスニング		記号選択	5	5	5
							英語記述	5	4	4
	リスニング	○	○	○			日本語記述			
文法	適語補充・選択	○	○	○	文法・英作文・読解	読解	会話文	3	2	2
	語形変化	○	○	○			長文	1	1	1
	その他						絵・図・表	2	2	2
英作文	語句の並べかえ	○	○	○			記号選択	9	10	10
	補充作文	○	○	○			語句記述	5	4	5
	自由作文						日本語記述	2	2	2
	条件作文						英文記述	3	3	3
読解	語句や文の補充	○	○	○						
	代名詞などの指示内容	○	○	○						
	英文の並べかえ		○							
	日本語での記述	○	○	○						
	英問英答									
	絵・表・図を選択	○	○	○						
	内容真偽	○	○	○						
	内容の要約	○	○	○						
	その他	○	○	○						

2025 年度入試に向けて

絵とセリフから状況を読み取る補充作文が出題される。過去問などを使って適切な文を作る練習をしよう。また，対話文・長文では，適語補充問題が多く出題される。ここで必ず得点するために，教科書で単語の意味，語形変化，重要な連語などを復習しておくとよい。グラフや表を使った問題も出題されるので，過去問や類似問題で慣れておこう。普段からニュースなどで取り上げられている社会問題についての知識を深めておくと，内容理解の手助けとなるだろう。

分野別データ		2024	2023	2022	形式データ	2024	2023	2022
物理	光・音・力による現象	○	○	○	記号選択	22	24	18
	電流の性質とその利用	○	○	○	語句記述	6	5	9
	運動とエネルギー			○	文章記述	6	2	3
化学	物質のすがた	○	○	○	作図	1	2	1
	化学変化と原子・分子			○	数値	3	3	4
	化学変化とイオン	○	○	○	化学式・化学反応式	1	1	1
生物	植物の生活と種類	○		○				
	動物の生活と種類	○	○					
	生命の連続性と食物連鎖	○		○				
地学	大地の変化		○					
	気象のしくみとその変化	○	○	○				
	地球と宇宙	○		○				

2025 年度入試に向けて

①が多くの分野からの小問集合，②〜⑤が物理，化学，生物，地学からの大問での出題になっていて，中学校３年間で学習した内容を広く問われることになるので，苦手分野をつくらないように学習していくことが重要である。

出題形式は，語句や文章の穴埋め，化学反応式の一部を答えるなどの，パターン化したものも多いので，過去問でこのようなパターンの出題形式に慣れておくことも重要である。解答となる部分は，教科書の内容をよく理解しておけば十分に対応することができるので，苦手分野であっても基本的な語句を暗記し，教科書や学校の授業で扱われた実験や観察などに関連した問題をくり返し練習していこう。

分野別データ		2024	2023	2022	形式データ	2024	2023	2022
地理	世界のすがた	○	○	○	記号選択	6	4	6
	世界の諸地域（アジア・ヨーロッパ・アフリカ）	○	○	○	語句記述	2	5	2
	世界の諸地域（南北アメリカ・オセアニア）	○	○	○	文章記述	3	3	2
	日本のすがた	○	○	○	作図			
	日本の諸地域（九州・中国・四国・近畿）		○		計算			
	日本の諸地域（中部・関東・東北・北海道）	○		○				
	身近な地域の調査							
歴史	原始・古代の日本	○	○	○	記号選択	4	5	4
	中世の日本	○	○	○	語句記述	3	3	4
	近世の日本	○	○	○	文章記述	3	3	2
	近代の日本	○	○	○	並べ替え	1	1	2
	現代の日本	○	○	○				
	世界史	○		○				
公民	わたしたちと現代社会	○	○	○	記号選択	6	4	5
	基本的人権				語句記述	3	2	2
	日本国憲法		○		文章記述	3	2	2
	民主政治	○	○	○				
	経済	○	○	○				
	国際社会・国際問題	○	○	○				

2025年度入試に向けて

地理については，地域別の学習よりもグラフや表をもとにした読み取り問題の練習をしておきたい。歴史についても，古代から現代まで幅広く出題されるので，重要項目とそれに関連する項目を歴史の流れとともに理解しておきたい。公民については，テーマによって出題される分野が限定されるが，パターン化されていないため，バランスよく学習することが最も効果的だと考えられる。全体として設問数が少ないので，あせらず丁寧に解いていきたい。

═《2024 一般入学者選抜 国語 解答例》═

1 (1)ⓓ包 ⓔ囲 (2)X．感謝 Y．手伝いや話すことを避けてきた (3)ウ (4)イ

(5)X．アイディアを出し合って自作弁当を食べる Y．友だちも斬新な弁当を作ること (6)ウ

2 (1)恵み (2)争わず (3)ア (4)①時間 ②イ

3 (1)ⓐみが ⓒひんぱん (2)C (3)X．誰かの真後ろに隠れるようにして Y．科学的知識

(4)①イ ②様々な種類の知識を学び、その知識を用いて「体」が収集した情報を分析して法則を導く (5)エ

4 (1)食べられない部分 (2)エ (3)ウ (4)食品廃棄物に占める食品ロスの発生割合が約 62％と最も高いため、外食産業に着目しました。例えば、レストランで食べ残しをしないために、一度にたくさん注文せず、足りないときに追加で注文することを提案します。

═《2024 一般入学者選抜 数学 解答例》═

1 (1)−7 (2)23 (3)$-\dfrac{3}{2}a^2$ (4)$8-2\sqrt{15}$ (5)$x=-4$，$y=3$ (6)$x=-8$，$x=6$ (7)$-\dfrac{7}{4}$ (8)$\dfrac{3}{8}$

(9)3：4 (10)ある 理由…平行四辺形の対角はそれぞれ等しいから、∠A＝∠C…① また、点Eは点Cが移動した点だから、∠E＝∠C…② ①、②から、∠A＝∠E 点A，点Eは、直線BDについて同じ側にあって、∠A＝∠Eだから、4点A，B，D，Eは一つの円周上にある。

2 (1)イ，ウ (2)①ア ※②168 (3)イ

3 (1)mが 24 のとき (2)ウ (3)①イ，エ ②0 (4)42，60，72 のうち1つ

4 (1)ア，ウ，エ (2)①ウ ②9 (3)80

5 (1)右図

(2)△AHDと△AIEにおいて、

△ADE，△AHIは正三角形だから、AD＝AE…① AH＝AI…②

また、∠HAD＝60°−∠DAI ∠IAE＝60°−∠DAI

よって、∠HAD＝∠IAE…③

①、②、③から、2組の辺とその間の角がそれぞれ等しいので、△AHD≡△AIE

(3)120 (4)$2\sqrt{21}$

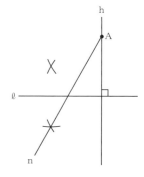

※の式は解説を参照してください。

═《2024 一般入学者選抜 英語 解答例》═

1 A．(1)エ (2)ア B．(1)イ (2)ウ C．(あ)August (い)restaurant (う)speech

D．(1)イ (2)①watch the show at eleven ②watch the video at one

2 A．(1)taught (2)glasses (3)rules (4)ア (5)ウ B．イ

3 don't have to walk for twenty minutes

4 (1)エ (2)can experience something special that they cannot (3)How many activities did you (4)ウ

(5)have a new and different experience

5 (1)①長い間月に住む ②必要になるすべての食べ物 (2)ウ (3)エ (4)ア (5)can be connected

(6)イ，エ，オ

1 (1)①組織　②エ　(2)①黄道　②イ　(3)12　(4)ウ　(5)エ　(6)水に非常にとけやすい性質

2 (1)Ⅰ．イ　Ⅱ．オ　Ⅲ．ウ　(2)B　(3)ア，エ　(4)無性生殖　(5)①RR，Rr，rr

②選択…ア　理由…むかごは体細胞分裂でつくられるので，親と同じ遺伝子の組み合わせが受け継がれるため。

3 (1)イ　(2)2H₂O　(3)イ　(4)ウ　(5)P．イ　Q．ア　R．キ　(6)水素

(7)右グラフ

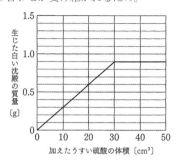

4 (1)ウ　(2)ア　(3)①イ　②選択…ウ　理由…16時から18時の間で，気温が

急激に下がっているから。　(4)雪がとける

5 (1)音源　(2)80　(3)ウ　(4)イ　(5)はるかに遅い

(6)①1500　②内部に肺胞が多数存在しており，空気を多く含む

1 (1)①調　②イ　(2)分国法　(3)ウ　(4)分業によって生産する　(5)営業の独占

2 (1)①環太平洋　②エ　③選択…ア　理由…暖流である北大西洋海流と，その上空を吹く偏西風の影響を受けるため。

(2)植民地　(3)ウ

3 (1)ア　(2)衆議院　(3)重税に苦しんだにもかかわらず，日露戦争の講和条約で賠償金を得られない　(4)エ

(5)イ→ウ→ア　(6)P．イ　Q．権力のゆきすぎ

4 (1)ア　(2)オ　(3)交通網の整備　(4)①イ　②冬は降雪が多く，夏は涼しい

5 (1)エ　(2)①ウ　②国債　(3)P．国会議員　Q．国会の議決で指名される　(4)小選挙区制…エ　比例代表制…ア

(5)①ア　②出資した金額をこえる責任　(6)バリアフリー

=《2024 一般入学者選抜 国語 解説》=

1 (2)X　X　には、理名が母に対して表せない気持ちが入る。本文4行目の「母に感謝しているし、手伝おうと思うものの〜なかなか感謝の言葉は言えず」より、「感謝」を抜き出す。　Y　Y　の理由が、直前の「忙しさを言い訳にしたり意見されることを面倒くさいと感じたり」である。本文4〜6行目の「実際に手伝ったりもしていない。だって忙しい〜それに〜母と話すのもおっくうなのだ。すぐに意見されるし」から読みとり、まとめる。

(3) ——線⑤の直前の「時計を確認し」に注意する。——線⑤の前の1回目の「マジか」は、「何か、かんたんなものは用意してあるだろうな」と思っていたのに「母はもういなかった。お弁当もなく〜作り置きのおかずも〜冷凍食品もない」という事態であったことに対するもの(エ)。2回目である——線⑤は、それに加えて時間もないことに気がついた「マジか」である。だから「速攻で制服に着替え〜家を飛び出す」のだ。よって、ウが適する。

(4) 「ぽつり」(ひとことだけつぶやくように言う様子)が、イの「擬態語」。擬態語は、物事の状態や様子などを、いかにもそれらしく音声にたとえて表す言葉。

(5)X　X　には、理名が昼休みに楽しくなったことが入る。——線①の5〜7行前の「三人で机を囲み〜お弁当を広げる〜アイディアを出し合いながら自作弁当を食べる。お昼休みが前よりだんぜんたのしくなった」から読みとり、下線部をまとめる。　Y　Y　の前に「母から『斬新ね』と言われたことに対して」「今までのように面倒くさがることなく」とあることに着目する。理名が夕食の残りのカレーを「ジャーに入れてカレー弁当にする」と言ったことに対して「へええ、斬新ね」と驚いた母に、リナは「玲佳(れいか)〜おっかしなお弁当持ってくるんだよね」と、友だちも斬新なお弁当を作ってくることを話し、その後も会話を続けている。この様子は、本文6行目の「最近は、母と話すのもおっくうなのだ」という態度と対照的である。

(6) ア．母にお弁当を作ってもらうのが当たり前だった理名は、萌衣(もえ)が「私〜自分で作ってるよ」と言ったことに驚き、「あらためて萌衣の弁当を見」たのである。この時点の心情として「萌衣のお弁当を参考にしようとする理名の熱意」は適さない。「私もがんばる！」と決意したのは、「あらためて萌衣の弁当を見る」の3行後。

イ．「納豆丼〜」「においがね」「納豆オムレツなら〜？」は、「理名と玲佳と萌衣、ずっといっしょにお弁当を食べている三人」が、自作弁当のアイディアをたのしく話している様子である。よって、「普段から必要最低限の会話〜複雑な人間関係」は適さない。　ウ．「手伝おうと思うものの〜なかなか感謝の言葉は言えず、実際に手伝ったりもしていない」とあり、母から「このままだと理名はなんにもできない人になっちゃう」と言われた理名が、自分でたのしみながらお弁当を作るようになり、「今度ママにも作ってあげるよ」と言うまでに成長したのである。よって、適する。　エ．「母との会話をきっかけにお弁当のおかずのヒントを得た」が適さない。

2 (1) 「利」には、利益、もうけ、有利なこと、好都合なこと、勝ち目などの意味がある。【書き下し文】の「水は善く万物を利して」の【現代語訳】が「水はあらゆる生きものに恵みをほどこしながら」であることに着目する。

(2) 「そういう水のような『　⑥　』という生きかた」とは、「水は先を争うことなく〜ひとのイヤがるところであろうとも〜イヤがらずに流れてゆく」というありかたのことで、「尤(とが)め無し」(まちがいをしでかすこともない、けっしてとがめられることはない)につながるもの、つまり、「争わない」ありかたである。よって、【書き下し文】の「水は善く万物を利して而(しか)も争わず」「夫(そ)れ唯(た)だ争わず、故に尤め無し」より、「争わず」を抜き出す。

(3) 「『利』のない、ひとのイヤがるところであろうとも〜イヤがらずに流れてゆく」「自然の法則にしたがいながら流れてゆくのみ〜先を争わず、わざわざ場所をえらばない」「すすんで、みずから欲(ほっ)して、そうしているのでは

ない」「われこそはといった積極性とはとことん無縁なありかた」にあたる例として、アが適する。イの「自分が主将に選ばれたい〜指名してもらえるように〜お願いをしに行った」、ウの「自分の立場が悪くならないように」、エの「生徒会長として実現したい〜他の立候補者よりも優れていることを熱心に演説」は適さない。

(4) X には、孔子が川の流れにたとえているものが入る。【資料】の(説明)に「一刻もとどまらない川の流れ〜孔子はこの流れと同様、人も世も自然も不可逆的に推移する時間とともにあり」とあることから、「時間」を抜き出す。これと同じことを、【解説】でも「孔子は川の流れにおいて不断かつ不可逆的なありかたをみている」と述べていたのを参照。「不断」とは、途絶えずに続くこと。「不可逆」は、再び元の状態に戻れないという意味。よって Y には、イの「止まることも戻ることもない」が適する。

3 (2) Aの「おそらく」、Bの「あえて」、Dの「もし」は副詞。Cの「そして」は接続詞。

(3)X X には、マラソン選手が集団で走るときにどのようにするかが入る。──線ⓑの1〜2行後の「マラソン選手は、集団で競争状態にあるとき〜あえて集団のなかに入り、誰かの真後ろに隠れるようにして走ろうとする傾向にある」より、下線部を抜き出す。 Y まず、なぜ「誰かの真後ろに隠れるようにして走ろうとする」のかを読みとる。それは、──線ⓑのある段落の最後で「空気抵抗を軽減することができ、より楽に〜速く走ることが可能となるからだ」と述べられている。これをふまえて、直後の段落から、「空気抵抗を減らして楽に速く走るための技術」が何を根拠に得られるものかを読みとる。「空気抵抗や抗力に関する科学的知識がないと習得できないだろう」と述べていることから、 Y には「科学的知識」が適する。

(4)① 「『体』の修練と役割」について述べている段落をさがす。──線ⓑの直前の段落で「まず法則(コツ)をつかむためには、実際に何度もパフォーマンスを繰り返し行なって、法則につながりそうな情報を収集する必要があったはずだ。当然、パフォーマンスを行なうためには『体』が必要となるし、情報を収集するのも『体』の各感覚器官である」と述べていることから、イが適する。 ② には、「『心』の修練と役割」の説明が入る。──線ⓑの直前の段落で「『体』は法則そのものを探り当てることはできない〜情報を分析して法則を導き出すのは、『心』(知性)の役割」だと述べていること、その「『心』(知性)」を鍛えることについて、最後の段落で「『心』(知性)の鍛錬〜一見、競技に関係のなさそうな知識でも、いつどこでどのように役に立つかわからない〜どのような種類の知識であれ、貪欲に摂取して『心』(知性)を鍛えてみてほしい」と述べていることからまとめる。

(5) 本文の最初で「よく〜『心技体』〜三要素をバランスよく〜であるが、実のところ、私は〜違和感を感じている」と「一般論に対する意見を述べた」後に、「たとえば、マラソンランナーが〜」「私は〜大学時代に身をもって〜」などの「具体例を提示」し、それをふまえて「『心』と『体』の両方を修練〜『技』が育まれていくはずである」という考えをまとめている。この構成に、エが適する。

4 (1) 「食品廃棄物」のうちの、「本来食べられるにもかかわらず捨てられる」ものが「食品ロス」とされる。そもそも食べられないものは、「食品ロス」とは言わないということ。

(2) ア.「食品卸売業」の「食品ロスの発生量の割合」は「約59%」なので、「その他の食品廃棄物の発生量の割合」のほうが低い。 イ.「約9%」と「約36%」があるので、「すべての発生場所で〜二分の一以上である」は誤り。ウ.「食品小売業」の「64」は、「食品ロス全体の発生量の約半分」ではない。 エ.「食品小売業」(約52%)と「外食産業」(約62%)は、「食品製造業」(約9%)より高い。よって、適する。

(3) 友子さんが「それは〜だよ。〜に注目しようよ」「〜は大事なことだけれど、〜不十分だよ」と言っていることに、ウが適する。アの「最初に話し合いの目的や手順を示している」、イの「他の人の意見に反対するときに」、エの「資料の内容よりも自分が実際に体験したことを重視している」は適さない。

1 (1)　与式＝ 5 － 12 ＝ **－ 7**

(2)　与式＝ 7 －（－ 16）＝ 7 ＋ 16 ＝ **23**

(3)　与式＝ $\frac{2}{3}$ a b ×（－ $\frac{1}{4 \, b}$）× 9 a ＝ **－ $\frac{3}{2}$ a ²**

(4)　与式＝（$\sqrt{3}$）²－ 2 × $\sqrt{3}$ × $\sqrt{5}$ ＋（$\sqrt{5}$）²＝ 3 － 2$\sqrt{15}$ ＋ 5 ＝ **8 － 2$\sqrt{15}$**

(5)　x ＋ 5 y ＝ 11 より x ＝ － 5 y ＋ 11 … ①，　3 x ＋ 2 y ＝ － 6 … ② とする。

②に①を代入して，x を消去すると，3（－ 5 y ＋ 11）＋ 2 y ＝ － 6　　　－ 15 y ＋ 33 ＋ 2 y ＝ － 6　　　－ 13 y ＝ － 39

y ＝ 3　　　y ＝ 3 を①に代入して，x ＝ － 5 × 3 ＋ 11 ＝ － 15 ＋ 11 ＝ **－ 4**

(6)　与式より，x ² ＋ 2 x － 48 ＝ 0　　　（x ＋ 8）（x － 6）＝ 0　　　**x ＝ － 8，x ＝ 6**

(7)　Aは直線 y ＝ x － 5 上の点だから，直線の式にAの x 座標の x ＝ － 2 を代入すると，y ＝ － 2 － 5 ＝ － 7 となる

ので，A（－ 2 ，－ 7）である。放物線 y ＝ a x ²はAを通るから，放物線の式にAの座標を代入すると，

－ 7 ＝ a ×（－ 2）²　　　a ＝ **－ $\frac{7}{4}$** である。

(8)　**【解き方】**樹形図をかいて考える。

右の樹形図より，3枚の硬貨の表裏の出方は全部で8通りあり，そのうち

1枚が表，2枚が裏となるのは☆印の3通りある。よって，求める確率は **$\frac{3}{8}$**

(9)　**【解き方】**ＡＢを軸とした回転体は図1の円すい，ＢＣを軸とした回転体は図2の円すいになる。

図1より，V ＝ $\frac{1}{3}$ × 3 ² π × 4 ＝ **12 π（㎤）**

図2より，W ＝ $\frac{1}{3}$ × 4 ² π × 3 ＝ **16 π（㎤）**

よって，V：W ＝ 12 π：16 π ＝ **3：4**

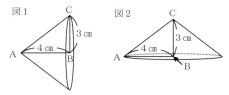

(10)　円周角の定理の逆が成り立つかを考えればよい。

2 (1)　**【解き方】**標本調査は母集団の数が大きすぎて全数調査が難しい場合や，全数を調査しなくても信頼できる

データが十分得られる場合に用いる。

ア．健康診断は1人1人の健康状態を知る必要があるので，全数調査で行われる。

イ．全数調査を行うと，すべての食品が商品として売れなくなるので，標本調査で行われる。

ウ．全数調査は時間，労力，費用がかかるので，説明に合わない。よって，標本調査で行われる。

エ．国勢調査はすべての人が対象なので，全数調査で行われる。

以上より，標本調査が入るのは，**イ，ウ** である。

(2)①　X．乱数表を使うと，無作為に50人が選ばれるので，適する。

Y．全校生徒に対する調査なので，1年生のみにしぼるのは適さない。

Z．「回答をくれた人」を選んでいるので，結果に影響が出る可能性があり，適さない。

以上より，Xのみ正しいので，**ア** が適当である。

②　調査した人数と，調査した中で数学の勉強が好きと答えた人数の比は50：28だから，全校生徒数と，その中で数

学の勉強が好きと答えた人数の比も50：28になると推定できる。よって，求める人数は，およそ300 × $\frac{28}{50}$ ＝ **168（人）**

(3)　範囲は箱ひげ図全体の長さ，四分位範囲は箱ひげ図の箱の長さで表す。標本の大きさを10，20，30と大きく

していくと，範囲，四分位範囲はどちらも小さくなっていくことがわかる。よって，**イ** が正しい。

3 (1)　このカレンダーにおいて，6の倍数は6，12，18，24，30の5個ある。これらの数から1を引いた数または

1を足した数のうち，24 ＋ 1 ＝ 25 は素数ではないから，反例は「**mが24のとき**」となる。

(2) 偶数は約数に2を持つので，2以外の偶数は素数ではない。よって，2より大きい素数は必ず奇数である。したがって，6以上の自然数nについて，n－1とn＋1が素数ならばこれらはどちらも奇数だから，これらにはさまれたnは偶数である。したがって，**ウ**が正しい。

(3)① 【解き方】aを3で割ったときの商がb，余りが1だから，a＝3b＋1…（＊）と表せる。

（＊）はa－1＝3bと変形できるから，アは正しくない。また，a－3b＝1と変形できるから，イは正しい。さらに，ウは明らかに正しくない。エについて，3b＋1＞3bだから，a＞3bが成り立つので，正しい。以上より，当てはまるものは**イ，エ**である。

② 【解き方】連続する自然数，例えば，1，2，3，4，5，6，7，8，9をそれぞれ3で割った余りは，1，2，0，1，2，0，1，2，0となり，「1，2，0」が繰り返される。

aを3で割ると1余るので，a＋1を3で割ると2余り，a＋2を3で割ると0余る。

(4) 【解き方】2人の会話より，6の倍数より1小さい数と1大きい数は素数になるものが多いので，具体的に31より大きい6の倍数について考えていく。

36の前後の数は35と37であり，35は素数ではない。42の前後の数は41と43であり，どちらも素数なので，条件に合う。他には**60，72**が条件に合う。

4 (1) ア．10 km＝10000mだから，$y=\dfrac{10000}{x}$と表されるので，yはxの関数である。

イ．xの値が1つに決まっても，長方形の縦，横の長さは決まらないので，面積も1つに決まらない。よって，yはxの関数ではない。

ウ．y＝1500－10xと表せるから，yはxの関数である。　　エ．y＝πx²と表せるから，yはxの関数である。

以上より，yがxの関数であるものは，**ア，ウ，エ**である。

(2)① 具体的にナースウォッチの目盛りを見て考える。秒針が12を指したところから，脈拍が15回を数えるまでにかかった時間と，1分間の脈拍は右表のようにまとめられる。

x(秒)	5	10	15	20
y(回)	180	90	60	45

よって，xの値が2倍，3倍，…になると，yの値が$\dfrac{1}{2}$倍，$\dfrac{1}{3}$倍，…になり，x＞0，y＞0であるから，グラフは反比例のグラフのx＞0，y＞0の部分になる。よって，**ウ**が適当である。

② ①より，反比例の式を$y=\dfrac{a}{x}$とおき，x＝5，y＝180を代入すると，$180=\dfrac{a}{5}$よりa＝900となるから，反比例の式は$y=\dfrac{900}{x}$と表せる。この式にy＝60を代入すると，$60=\dfrac{900}{x}$よりx＝15，y＝100を代入すると，$100=\dfrac{900}{x}$よりx＝9となる。したがって，求める数は9である。

(3) 【解き方】秒針が12を指したところから脈拍を数えると，秒針が3を指すまでに15秒かかる。

脈拍が20回を数えるまでに15秒かかるから，1分間の脈拍は$20×\dfrac{60}{15}=80$(回)である。

5 (1) 正三角形の1つの内角は60°だから，その二等分線によって内角が60°÷2＝30°ずつ分けられることを利用する。手順としては，右図の△APQが正三角形となるような点Pをとり，∠PAQの二等分線を引けばよい。

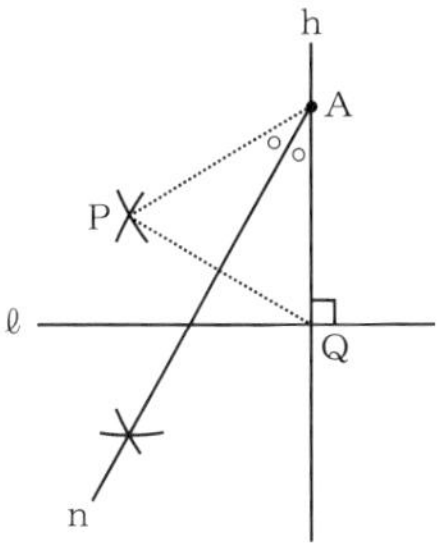

(2) まず，問題文の仮定を図にかきこんで，証明のために必要な条件を探そう。条件が足りない場合は，問題の内容に応じて，図形の性質，平行線の同位角・錯角などからわかることもかきこんでみよう。

(3) △AHIは正三角形なので，∠AHD＝60°だから，∠AHF＝180°－60°＝120°
△AFH≡△AGIだから，対応する角の大きさは等しいので，∠AIG＝∠AHF＝120°である。

(4) 図1のように記号をおく。∠ＡＩＨ＝60°，(3)より，

∠ＡＩＧ＝120°だから，∠ＣＩＱ＝120°－60°＝60°である。

このことをふまえ，3辺の長さの比が１：２：$\sqrt{3}$の直角三角

形や，正三角形を補助線を引くことで作図することを考える。

【解き方１】図２のようにＡＩと直線ｍの交点をＳとする。

このとき，△ＡＲＳ，△ＡＱＩはともに，3辺の長さの比が

１：２：$\sqrt{3}$の直角三角形である。また，図２の●の角度は

等しく60°である。

△ＡＲＳ∽△ＡＱＩで，相似比はＡＲ：ＡＱ＝９：６＝３：２

よって，ＡＳ：ＩＳ＝３：（３－２）＝３：１であり，ＡＳ＝$\dfrac{2}{\sqrt{3}}$ＡＲ＝

$\dfrac{2}{\sqrt{3}}$×９＝$6\sqrt{3}$（cm）だから，ＩＳ＝$6\sqrt{3}$×$\dfrac{1}{3}$＝$2\sqrt{3}$（cm）

∠ＳＩＣ＝180°－120°＝60°だから，△ＩＣＳは正三角形なので，

ＣＳ＝ＩＳ＝$2\sqrt{3}$cm

また，ＲＳ＝$\dfrac{1}{2}$ＡＳ＝$\dfrac{1}{2}$×$6\sqrt{3}$＝$3\sqrt{3}$（cm）だから，ＲＣ＝ＲＳ－ＣＳ＝$\sqrt{3}$（cm）

△ＡＲＣにおいて，三平方の定理より，ＡＣ＝$\sqrt{9^2+(\sqrt{3})^2}$＝$2\sqrt{21}$（cm）

【解き方２】図３のように直線ＩＣと直線ＡＲの交点をＴとする。このとき，

△ＡＱＩ∽△ＴＱＩで，ＱＩが共通な辺だから，△ＡＱＩ≡△ＴＱＩである。

ＴＱ＝ＡＱ＝６cmより，ＴＲ＝ＴＱ－ＲＱ＝６－３＝３（cm）

ℓ／／ｍより，△ＴＱＩ∽△ＴＲＣで，相似比はＴＱ：ＴＲ＝６：３＝２：１

よって，ＲＣ＝$\dfrac{1}{2}$ＱＩ＝$\dfrac{1}{2}$×$\dfrac{1}{\sqrt{3}}$ＡＱ＝$\sqrt{3}$（cm）だから，△ＡＲＣにおいて，

三平方の定理より，ＡＣ＝$\sqrt{9^2+(\sqrt{3})^2}$＝$2\sqrt{21}$（cm）

図１

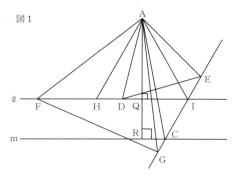

図２

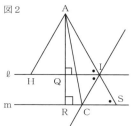

図３

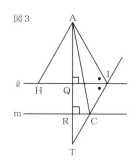

═══《2024　一般入学者選抜　英語　解説》═══

1　Ａ(1)「木の中に猫がいます。少年がベンチで本を読んでいます」より，エが適当。

(2)　「今日は金曜日です。ケンは普段，土曜日に体育館でバスケットボールをしますが，今週末はバトミントン部

が体育館を使う予定です。だから，ケンは明日，公園で野球をするつもりです」より，アが適当。

Ｂ(1)　Ａ「ランチに何を食べようか？」→Ｂ「ハンバーガーが食べたいな」→Ａ「いいね。美味しいハンバーガー

ショップを知ってるよ」→Ｂ「どこにあるの？」の流れより，イ「駅の近くにあるよ」が適当。　　(2)　Ａ「今週

の日曜日はお母さんの誕生日だよ」→Ｂ「そうだね。プレゼントをあげたいな」→Ａ「私も。今日の午後，お母さ

んのために何か買おう」→Ｂ「何かプレゼントのアイデアはある？」の流れより，ウ「花を買うのはどう？」が適

当。

Ｃ　【放送文の要約】参照。

【放送文の要約】

あなたは(あ)８月（＝August）７日に日本を出発します。ニュージーランドでの最初の週末，あなたはある(い)レストラ

ン（＝restaurant）でのパーティーに行き，そのパーティーで(う)スピーチをする（＝make a speech）予定です。あなたがニ

ュージーランドでいい時を過ごせることを願っています。

D 【放送文の要約】参照。

(1) 3文目の Some of them are unique, so you can see them only in this aquarium. と同じ意味になる，イが適当。

(2) ナンシーの発言「サヤカ，このふたつのイベントに行こうよ。今 10 時だよ。ここを午後 2 時前に出よう。そうすると，今日の一番いい計画はどんなかな？何時にそれぞれのイベントに行こうか？」に，それぞれ 5 語以上で答える。2 時に水族館を出ることを考慮して両方のイベントが見られるよう計画する。（例文の訳）「OK。最初に ①11 時にショーを見よう（＝watch the show at eleven）。次に，②1 時に動画を見る（＝watch the video at one）ことができるよ」

【放送文の要約】

当水族館へようこそ。ここには 300 種類以上の魚がいます。⑴ᵧ珍しい魚もいて，それらが見られるのはこの水族館だけです。では，今日のイベントをお知らせします。⑵午前 11 時と午後 3 時にショーを楽しむことができます。そのショーではイルカを見ることができます。イルカはこの水族館で最も人気のある動物です。このショーは 30 分間です。他のイベントとしては，美しい魚の動画を見ることができます。⑵それが見られるのは午後 1 時と午後 4 時です。この動画は 20 分間です。さらなる情報については，エントランスホールにお越しください。

2 問題A 【Eメールの要約】【本文の要約】参照。

(1) 文末の two years ago「2 年前」より，過去の出来事だから過去形の taught が適当。

(2) (い) の直後の文より，他方の男の子がネクタイをしていることがわかるので，ポールはめがねをかけている方の男の子である。 「めがねをかける」＝wear glasses（複数形にすることに注意）

(3) レオのEメールの第 2 段落から，rules「規則」を抜き出して答える。

(4) ポールのEメールの最初の 1 文の My favorite event at school is... より，ア「イベント」が適当。

(5) ア「サイモンの学校では，平日の×3 時間目の後にお茶休憩がある」 イ「去年，ポールの友達は他の生徒たちのために×スポーツデーで踊った」 ウ○「レオは寮で他の生徒たちと暮らすのが好きだ」 エ「リコはどうやってうどんを作るか×知らない」

【Eメールの要約】

[サイモンからのEメール]「平日は，授業が 7 時間あります。学校では 2 時間目と 3 時間目の間にお茶休憩があります」

[ポールからのEメール]「僕の一番好きな学校行事は国際デーです。それが好きな生徒はたくさんいます。僕たちの学校には，いろいろな国の生徒が大勢います。その日はお互いの文化について学びます。例えば，僕は 2 年前，いくつかフランス語の単語⒜を教えました（＝taught）。スペイン出身の僕の友達のレオは，去年，他の生徒のために，自分の国の伝統的な踊りを披露しました。今年，僕たちはイタリアの人気料理を作りました」

[レオからのEメール]「僕は学校の寮に住んでいます。この寮では約 50 人の生徒が一緒に暮らしています。この写真を見てください。僕はこの 2 人の男の子たちと部屋をシェアしています。⒤めがね（＝glasses）をかけている男の子がポールです。もう一方の，ネクタイをしている子がサイモンです。 ⑶寮で暮らすために，多くの規則があります。中には厳しいものもあります。例えば，夕飯と就寝の時間に関する規則がいくつかあります。 ⑸ᵤしかし，僕はここで他の生徒と暮らすのが楽しいです。いい友達が作れるからです。彼らと話をするのは面白いです」

【本文の要約】

リコ　　：私たちの姉妹校の 3 人の生徒が学校生活についてEメールを送ってくれたよ。私も，彼らのように学校でお茶休憩がほしいな。

キャシー：私も。ねえ，写真付きのEメールを読んで。一緒に暮らしている生徒たちは多分，夜たくさんおしゃべりで

きるんだね。

リコ　　　：そうかな？この生徒は，寮の厳しい (う)規則(＝rules) について書いていたよ。彼らは早く寝る必要があると
　　　　　思うな。

キャシー：そうかもしれないね。でも彼らは寮生活を楽しんでいると思うよ。

リコ　　　：そうだね。ええと，ポールから来たＥメールを読んで。彼は学校で人気の (え)アイベント(＝event) について
　　　　　書いてるよ。もし私が彼らの学校の留学生だったら，その (え)アイベント(＝event) でうどんを作りたいな。
　　　　　作り方を知っているし，うどんなら何度も作ったことがあるよ。

キャシー：わあ。私も一緒に作りたいな。

　　問題Ｂ【本文の要約】参照。デイビッドは日曜日，タクは土曜日の午前中が不都合だから，土曜日の午後に開催さ
れるイの料理教室が適当。

【本文の要約】

タク　　　：このウェブサイトを見て。僕は今週末の３月 23 日と 24 日は予定がないから，これらの料理教室のどれか
　　　　　に参加したいな。君も一緒に行かない？

デイビッド：行くよ。どの教室も面白そうだけど，ィ僕は日曜日は忙しいよ。この教室はどう？

タク　　　：そうだごめん，忘れてた。ィ土曜日の朝，叔父が訪ねてくるんだった。僕は叔父に会いたいんだ。だから
　　　　　もうひとつの方にしてもいい？

デイビッド：なるほど。じゃあこの料理教室に決めよう。

タク　　　：そうだね。

3　【本文の要約】参照。バスで行きたい理由を７語以上で書く。　　「～しなくてよい」＝don't have to ～

【本文の要約】

コトミ　　　：明日あなたと一緒に博物館に行けてうれしいな。このウェブサイトを見て。西駅からそこまではどうやっ
　　　　　て行こうか？

ヴィッキー：私はバスで行きたいな。あなたはどう思う？

コトミ　　　：賛成だよ。私たちは 20 分間歩かなくていいよ(＝don't have to walk for twenty minutes)

4 【本文の要約】参照。

(1)　エが適当。(あ)は，直後の「聞いたことないよ」から判断する。(う)は直後の先生の返答から判断する。

(2)　(い)の後の先生の発言より，「観光客は日常生活では簡単に挑戦できない特別なことを体験できる」という文
にする。「簡単に挑戦できない特別なこと」は〈関係代名詞(＝that)＋語句(＝they cannot easily try)〉で後ろから
something special を修飾して表す。

(3)　ユキの質問に対して，先生が活動の数を答えているから，回数を尋ねる質問にする。「何回の○○？」＝How
many＋名詞の複数形?

(4)　ア「生徒たちは×今日プレゼンテーションコンテストに参加する」　イ×「ナオトはプレゼンテーションで古城に
ついて話したい」…本文にない内容。　ウ○「冒険旅行はヒル先生の国で人気がある」　エ×「ケンと家族は２年前に
オーストラリアで登山をした」…本文にない内容。

(5)　ケンの４回目の発言の２行目から抜き出す。(ナオトが授業で書いたワークシートの訳)「僕たちは今日，プレ
ゼンテーションコンテストのためにたくさんのアイデアを出しました。観光客が夜，素晴らしい星を見ることがで
きるので，僕はケンのアイデアが気に入りました。僕は昨冬に家族とその町を訪れ，たくさんのきれいな星を見ま

した。この町を訪れる多くの観光客が僕のように，(お)新しいさまざまな体験をする（＝have a new and different experience）ことを願っています」

【本文の要約】

先生　：君たちは来月プレゼンテーションコンテストに参加します。トピックは観光旅行です。グループで，この県にやって来る観光客のための特別な旅行計画を作ってください。今日，君たちには，プレゼンテーションのアイデアを考えてもらいます。

ケン　：ええと，古城を訪れるのはどうかな？

ナオト：いいアイデアだね。でもすでにそこは観光客に人気の場所だよ。プレゼンテーションではもっと違うものについて話したいな。

ケン　：そうだね。じゃあラフティング（＝いかだに乗るアクティビティ）は？

ナオト：(あ)ェそれは何？聞いたことないよ。

ケン　：ラフティングに行ったら，ラフト（＝いかだ）と呼ばれるボートに乗るんだ。観光客は他の人とラフトに乗って川を下るよ。自然を楽しむことができるよ。

先生　：ケン，その計画で「冒険旅行」を思い出したよ。

ケン　：ああ，新聞でそれに関する記事を読んだことがあります。冒険旅行というのは旅行の一種です。観光客は冒険旅行中に(5)新しいさまざまな体験をすることができます。(4)ゥそれはオーストラリアで人気なんですよね？

先生　：(4)ゥその通り。冒険旅行には大事なことが３つある。身体的な活動，自然，そして文化だよ。冒険旅行は，旅行中，観光客にその３つのうち２つ以上を提供する必要があるんだ。

ユキ　：わあ。興味深いです。もっと知りたいです。

先生　：観光客は日常生活では簡単に挑戦できない特別なことを体験できるんだ。家の中にいてネットサーフィンをして美しい自然の写真を見つけることは簡単だね。しかし，冒険旅行では，観光客は実際にそこを訪れて他にない体験をするんだ。日常生活では簡単にできないことだよ。

ユキ　：(う)ェ先生は参加したことがありますか？

先生　：あるよ。２年前に母国のオーストラリアで，日本から来た友達と一緒に参加したよ。私たちは興味深い活動を満喫したよ。ガイドの方は自然について多くの知識があってね。私たちは彼の話を注意深く聞いて，その旅行中何をするべきかを学んだよ。

ユキ　：いいですね。(え)その旅行中はいくつの活動をしましたか？（＝How many activities did you do during the tour?）

先生　：５つか６つの活動をしたよ。例えば，山に登って美しい日の出を見たよ。とても楽しかったよ。

ケン　：素晴らしいですね。僕たちの県に適したツアーについてのアイデアが浮かびました。まず，観光客は午前中ラフティングに行きます。それから山でキャンプをします。夜は星を見ます。星で有名な町がありますから。僕は行ったことがないのですが，そこに住む多くの人は夜遅くになると屋外の明かりを消して，空の素晴らしく美しい眺めを守るのだそうです。観光客はその町を訪れて多くの星を楽しみます。

ナオト：ケン，もしかしたら，僕はその町を知っているかも。去年の冬，家族と一緒に行ったよ。初めてあんなにたくさんの美しい星を見たよ。その町の夜空は僕の街の夜空とはまったく違うものだったよ。

先生　：よし。君たちはたくさんいいアイデアが浮かんだようだね。旅行計画に着手できそうだね。

5　【本文の要約】参照。

(1)　(あ)の this problem は直前の１文を指す。直前の１文の，①は live on the moon for a long time，②は all of the food that they will need の部分を日本語にして文を完成させる。

⑵　第3段落と第5段落では，冒頭で科学者が抱いた疑問が提示され，それに答える形で話が進んでいく。第3段落には地球とは大きく異なる月の環境で植物を育てるための具体的な仮説が書かれているから，ウが適当。

⑶　「月の植物工場では ⬚ 」…科学者が思いついた，月の植物工場に適した環境を作り上げるためのアイデアとしてふさわしいものを選ぶ。第3段落最後の1文より，エ「栄養を含んだ水が必要になるだろう」が適当。ア「適した温度には保たれないだろう」，イ「太陽の光が利用されるだろう」，ウ「人工光は必要とされないだろう」は第3段落の内容と合わない。

⑷　第4段落の2～5行目は植物を育てるのに有用な人工光の色について書かれているから，(え)は artificial light 「人工光」が適当。第2段落の最後の1文，On the moon, people cannot find a lot of water that they can use.より，月で使える水の量は限られていることを読み取る。(お)は a limited amount 「限られた量の」が適当。よってアが適当。

⑸　直前の文でクミは，最初，2つの問題は different topics 「別の話」だと思っていたと述べている。However, now 「しかし今では」につながるよう，同じ段落の3行目から can be connected 「結びつく可能性がある」を抜き出して答える。

⑹　ア「月の温度は×常に 110℃である」　イ○「科学者の研究用の部屋は地球に建てられた」　ウ「科学者は，植物を育てるうえで×青色は効果的な人工光ではないことに気づいた」　エ○「科学者は月で育てる植物の種類に関して疑問を持っていた」　オ○「問題を解決するとき，クミは何度も仮説を立てて検証するだろう」

【本文の要約】

　どのようにすれば人間は月で暮らせるのでしょうか？仮説を立て検証することによってこの大きな問題に答えようとする科学者がいます。人間が月で暮らすためには多くのものが必要です。そのひとつが食料です。現在，宇宙飛行士は宇宙に行くとき，食料を持って行きます。しかし，将来多くの人が①長い間月に住む ときに，②必要になるすべての食べ物を持って行くのはほとんど不可能です。この食料問題を解決するために，科学者たちは月に植物工場を建てる計画を立てました。もしそれがあれば，人は月で食用の植物を育てることができます。

　月の環境を想像してみてください。地球とは様子が違います。例えば月では，太陽からの強い光のため，気温がとても高いときには約 110℃になります。気温はとても低いときには約マイナス 170℃になります。水の量も違います。月では使用できる水がほとんど見つかりません。

　(い)ゥ月のこのような環境で，人々はどうやって食用の植物を育てればいいのでしょうか？ この疑問に答えるべく，科学者たちは仮説を立てました。例えば，もし月の植物工場内に適した環境を作ることができれば，そこで植物を育てることができます。地球上で植物を育てるために必要なものはいくつかあります。光，水，栄養，適切な温度などです。しかし，月のこれらの環境は植物に適していません。そこで，科学者たちは月の植物工場内にふさわしい環境を作り上げるアイデアを思いつきました。例えば，彼らは温度を適切に保ちます。太陽の光ではなく，人工光を使います。また，栄養のある水が必要です。

　(6)ィこれらの仮説を検証するために，科学者たちは地球上に研究用の部屋を作り，その中で植物を育て始めました。彼らはこの研究を通し，(え)ァ人工光 についての有用な結果を手に入れました。研究用の部屋で植物を育てるうえで効果的な人工光の色は赤色でした。彼らは，青色が植物を育てるうえで，もうひとつの効果的な人工光の色であることを発見しました。

　(6)ェ科学者たちには別の疑問もありました。月で育てるには，どんな種類の植物がよいのでしょうか？ それを選ぶために，彼らは再び月の環境について考えました。月の植物工場では十分な水がないので，(お)ァ限られた量 の水で育つ植物

を見つけなければいけません。

　現在，科学者たちは，自分たちの研究が地球上の食料問題を解決することにも役立つと信じています。仮説を検証することが科学者たちに，食料問題に (か)結びつく可能性がある良いアイデアを与えてくれたのです。最近，世界中には食料が十分にない人がいます。そこで，地球で植物を育てている農家はこの科学者たちの研究を使うことができるのです。私は最初，月の植物工場と地球上の食料問題は別の話だと思っていました。しかし今では，これらの事柄は (か)結びつく可能性がある（＝can be connected）ものであることを理解しています。(6)オ科学者たちは仮説を立て，それらを何度も検証しており，これが彼らの研究のためには重要なことです。私もそうすることによって，自分の日常生活での問題を解決したいと思っています。

━《2024　一般入学者選抜　理科　解説》━

1　(1)②　目などの脳に近い感覚器官で受け取った刺激の信号は，せきずいを通らないことに注意する。

　(2)②　真夜中ごろに南の空に観測できる星座は，地球から見て太陽と反対側にある。よって，イが正答となる。

　(3)　並列につながれた I と II に流れる電流の和は，枝分かれする前に流れていた電流の大きさに等しく 0.8 A だから，I に流れる電流は 0.8－0.3＝0.5（A）である。また，〔電圧（V）＝抵抗（Ω）×電流（A）〕より，III に加わる電圧は 5×0.8＝4（V）である。直列につながれた（I と II の）並列部分と III に加わる電圧の和は，電源の電圧に等しく 10 V だから，並列部分に加わる電圧は 10－4＝6（V）である。したがって，並列につながれた I と II のそれぞれに加わる電圧は 6 V である。よって，〔抵抗（Ω）＝$\frac{電圧（V）}{電流（A）}$〕より，I の抵抗は $\frac{6}{0.5}$＝12（Ω）である。

　(4)　水中に入っている物体の体積が大きいほど浮力は大きくなり，物体全体が水中に入っているとき浮力の大きさは深さによって変化しない。A と B の体積は等しく，どちらも全体が水中に入っているから，A と B にはたらく浮力の大きさは等しい。

　(5)　図4の液面の目盛りは 57.5 cm³だから，この金属の体積は 57.5－50＝7.5（cm³）である。よって，〔密度（g／cm³）＝$\frac{質量（g）}{体積（cm³）}$〕より，この金属の密度は $\frac{67.5}{7.5}$＝9.00（g／cm³）とわかる。表より，密度が最も近いのはエである。

2　(2)　図を使って分類すると，次のようになる。X の観察記録より，種子をつくるから I は「はい」（種子植物）に分類され，胚珠が子房におおわれている（めしべに子房がある）から II は「はい」（被子植物）に分類される。また，種子を植えたときの様子から子葉が 1 枚なので，「子葉が 2 枚である」では「いいえ」（単子葉類（B））に分類される。

　(3)　アとエは B，イは D，ウは A，オは E，カは C に分類される。

　(4)　無性生殖のうち，むかごやジャガイモなどのように，植物の体の一部から新しい個体ができるものを栄養生殖という。

　(5)①　「R r」の個体がつくる生殖細胞にふくまれる遺伝子は，「R」または「r」である。よって，「R r」の個体どうしをかけ合わせてできる個体の遺伝子の組み合わせは「R R」，「R r」，「r r」のいずれかである。

3　(1)　BTB 溶液は，酸性で黄色，中性で緑色，アルカリ性で青色を示すから，結果より，A のろ液はアルカリ性とわかる。また，フェノールフタレイン溶液は，酸性～中性で無色，アルカリ性で赤色を示すから，A のろ液にフェノールフタレイン溶液を加えると赤色になる。

　(2)　酸性の水溶液とアルカリ性の水溶液を混ぜ合わせると，酸の水素イオン〔H⁺〕とアルカリの水酸化物イオン〔OH⁻〕が結びついて水〔H_2O〕ができ，酸の陰イオンとアルカリの陽イオンが結びついて塩ができる（この実験では硫酸バリウム〔$BaSO_4$〕ができる）。したがって，□に入る物質の化学式は H_2O であり，化学反応式の矢印の前後で原子の組み合わせは変わるが，原子の種類と数は変化しないから，H_2O に係数の 2 をつければよい。

(3)　水酸化バリウム〔Ba(OH)$_2$〕は水にとけると，バリウムイオン〔Ba^{2+}〕と水酸化物イオン〔OH$^-$〕に電離する。電離のようすを表す式でも，矢印の前後で原子の種類と数は変化しないから，〔Ba(OH)$_2$→Ba^{2+}＋2OH$^-$〕となる。よって，●(陽イオン)と○(陰イオン)の数の比が1：2のイが正答となる。

(4)　中和を示す化学反応式は，アルカリの〔KOH〕(水酸化カリウム)と酸の〔HCl〕(塩化水素)が左辺にあるウである。酸の〔H$^+$〕とアルカリの〔OH$^-$〕が結びついて水〔H$_2$O〕ができ，酸の〔Cl$^-$〕とアルカリの〔K$^+$〕が結びついて塩〔KCl〕ができている。なお，アは〔CuO〕(酸化銅)に〔C〕(炭素)を混ぜて加熱したときの酸化銅の還元(と炭素の酸化)を示す化学反応式，イは〔NaHCO$_3$〕(炭酸水素ナトリウム)を加熱したときの熱分解を示す化学反応式，エは〔CH$_4$〕(メタン)の燃焼を示す化学反応式である。

(5)　水溶液中に水素イオンがあると酸性，水酸化物イオンがあるとアルカリ性を示す。よって，アルカリ性(BTB溶液が青色)を示すろ液には，水素イオンがなく，水酸化物イオンが残っていると考えられる。

(6)　DとEでは，加えた硫酸(酸性)の一部が残っている。また，マグネシウムは酸性の水溶液と反応して，水素を発生する。

(7)　A〜Cでは，加えた硫酸がすべて反応しているから，生じた白い沈殿の質量は加えたうすい硫酸の体積に比例する。また，Cではろ液が中性になっていることから，加えた硫酸と水酸化バリウム水溶液がちょうど反応した(どちらもすべて反応した)ことがわかる。DとEでは，水酸化バリウム水溶液がすべて反応した(加えた硫酸の一部は残っている)から，生じた白い沈殿の質量はCと同じ0.9gになる。

4 (1)　日本付近の上空で西から東にふく風を偏西風という。

(2)　低気圧の中心付近や前線付近では上昇気流が発生するため雲ができやすく，高気圧の中心付近では下降気流が発生するため雲ができにくい。したがって，低気圧や前線がある日本列島全体に雲があり，高気圧がある太平洋に雲がないアが正答となる。

(3)①　温暖前線付近では，暖かい空気(暖気)が冷たい空気(寒気)の上をはい上がるように進むから，イが正答となる。なお，寒冷前線付近では，冷たい空気が暖かい空気を押し上げるように進むウのようになる。　②　寒冷前線が通過すると，風が北寄りに変わり，気温が下がる。

5 (2)　1秒間に音源などが振動する回数を振動数という。図2より，1回の振動にかかる時間が$\frac{1}{320}×4＝\frac{1}{80}$(秒)だから，振動数は$1÷\frac{1}{80}＝80$(Hz)である。

(3)　弦の張りが強いほど，振動数は大きくなり，音は高くなる。これより，弦の張りだけを変えたAのC(75 Hz)とBのC(122 Hz)，または，AのD(144 Hz)とBのD(238 Hz)を比べると，振動数が大きいBの方が弦の張りが強いとわかる。また，弦の長さが短いほど，振動数は大きくなり，音は高くなる。これより，弦の長さだけを変えたAのC(75 Hz)とD(144 Hz)，または，BのC(122 Hz)とD(238 Hz)を比べると，振動数の大きいDの方が弦の長さが短い(40 cm)とわかる。

(4)　音が小さくなると，振幅が小さくなるから，イが正答となる。なお，音の高さは変わらないから，振動数は変わらず，振動1回にかかる時間も変わらない。また，アは図2より高い音(音の大きさは同じ)，ウは図2より大きい音(音の高さは同じ)，エは図2より低い音(音の大きさは同じ)である。

(5)　光の速さが約30万km/sであるのに対し，音の速さは約340m/sである。

(6)①　超音波が反射して船底に戻ってくるまでに進んだ距離は300×2＝600(m)，かかった時間は0.4秒だから，海水中を音が伝わる速さは$\frac{600}{0.4}＝1500$(m/s)である。

1 (1)① 調 特産物を納める調と労役の代わりに布を納める庸は，農民が都に直接運ぶ必要があった。

② イ アは鎌倉時代，ウは平安時代，エは室町時代。

(2) 分国法 武田家の「甲州法度之次第」や朝倉家の「朝倉孝景条々」などが分国法として知られている。下剋上の風潮の中で領国を治めるために，喧嘩両成敗などの厳しいルールが定められていた。

(3) ウ 組頭は，江戸時代の村役人の一つで，有力な本百姓がその役につき，年貢の納入や村の運営にあたった。藩校は，江戸時代に武士の子弟を教育するために諸藩が設立した学校で，人材の育成が行われ，その後の藩政改革につながった。

(4) 分業によって生産する工場制手工業(マニュファクチュア)と問屋制家内工業の違いを理解しよう。

(5) 営業の独占 室町時代に発達した座は，織田信長などが行った楽市・楽座によって廃止された。江戸時代に発達した株仲間は，老中田沼意次が奨励し，その後老中水野忠邦が解散させた。

2 (1)① 環太平洋造山帯 アンデス山脈，ロッキー山脈，日本列島などからなる環太平洋造山帯は，新期造山帯の一つで，地震，火山活動が活発である。

② エ ロンドンのおよその位置は北緯51度，経度0度だから，地球の中心を通った反対側の地点は，南緯51度，経度180度の位置になる。右図で，A地点の位置を北緯a°，東経b°とするとき，地球の中心を通った反対側の地点Bの位置は，南緯a°，西経(180－b)°になる。

③ ア ロンドンは，都市Aより高緯度にあるが，暖流である北大西洋海流と偏西風の影響で，ロンドンの冬は都市Aの冬より温暖である。

(2) 植民地 20世紀前半のアフリカ大陸における，フランスとイギリスの支配地域については右図参照。

(3) ウ X．誤り。ブラジルは，1970年ごろまでコーヒー豆に依存したモノカルチャー経済だったから，依存率の高いⅡの方がⅢより古い年のものである。Y．正しい。

3 (1) ア 1485年，山城国(京都府)では，武士や農民たちが団結して守護大名を追い出し，その後8年近く自治を行った。勤労や団結などの権利は，20世紀になって社会権として認められた。

(2) 衆議院 第一回帝国議会が開かれた1890年当時の選挙権は，「直接国税15円以上を納める満25歳以上の男子」にのみ認められ，国民のわずか1.1%程度であった。

(3) 民衆が背負う荷物は税を表している。日露戦争で，大きな犠牲や増税に耐えて戦争に協力した日本国民からは，賠償金が取れなかったことなどに対して強い不満の声が上がり，日比谷焼き打ち事件などの暴動が各地で起きた。

(4) エ 平塚らいてうは，雑誌『青鞜』を創刊するにあたって，「元始，女性は実に太陽であった。」で始まる辞を寄せた。

(5) イ→ウ→ア イ(1950年)→ウ(1956年)→ア(1965年) 1950年に朝鮮戦争が起きると，GHQの指令により，日本に警察予備隊が新設された。その後，警察予備隊は保安隊を経て1954年に自衛隊となった。日本は，サンフランシスコ平和条約に調印して独立国となったが，ソ連が拒否権を発動して日本の国際連合加盟を阻止してい

た。1956年，日ソ共同宣言に調印し，日本とソ連の国交が回復した
ことで，ソ連の反対がなくなり，日本の国際連合加盟が実現した。
1965年，日本は韓国と日韓基本条約を締結し，韓国政府を朝鮮半島
における唯一の合法的な政府と認めた。

(6)　P＝イ　Q＝権力のゆきすぎ　　三権の均衡と抑制の関係は
右図参照。

4　(1)　ア　　長野県と群馬県の県境付近には白根山などの山地が広が
り，埼玉県以西は低くなだらかな関東平野が広がる。

(2)　オ　　昼夜間人口比率が100を大きく上回っているアは東京都である。また，昼夜間人口比率が100を大きく
下回っているウとエは，東京都と隣接した埼玉県(ウ)と，愛知県と隣接した岐阜県(エ)である。残ったイとオのう
ち，農業産出額が多いイが北海道だから，残ったオが群馬県である。

(3)　交通網の整備　　北関東工業地域の形成には，道路交通網の発達が不可欠であった。交通網の発達によって，
沿岸部の製造業が内陸部に移動し，高速道路のIC付近に工業団地を形成した。

(4)①　イ　　飛驒山脈と赤石山脈は中部地方，奥羽山脈は東北地方にある。　②　占冠村の月別外国人人口割合が
高い月は，12〜3月と6〜9月である。12〜3月は積雪があり，ウィンタースポーツなどを楽しむことができる。
6〜9月ははっきりした梅雨もなく夏でも冷涼なことから，避暑地として適している。

5　(1)　エ　　日本の高齢化率(65歳以上の人口割合)は28％を超えている。

(2)①　ウ　　資料2では，右側にあるほど高負担の国，上側にあるほど
高福祉の国になる。よって，フランス，スウェーデンなどは高福祉・高
負担の国であり，アメリカは低福祉・低負担の国といえる。

②　国債　　国の借金である国債の発行残高は，2024年末には1100兆円を
超えると予想される。

(3)　P＝国会議員　Q＝国会の議決で指名される　　国の政治では，内閣総理大臣は国民の代表である国会議員の
中から国会議員によって指名され，内閣が国会に対して連帯して責任を負う議院内閣制が採用されている。地方政
治では，首長と地方議会議員はどちらも住民の選挙で選ばれる二元代表制が採用されている。

(4)　小選挙区制＝エ　比例代表制＝ア　　1選挙区から1名を選出するのが小選挙区制である。例えば，A，B，
Cの3人が立候補した小選挙区で，Aが40％，BとCが30％ずつの得票率だった場合，Aが当選するが，Aの得
票数より，死票(BとCの得票数の和)の方が多くなる。小選挙区制は，大政党に有利で議案が可決されやすい傾向
にある。政党の得票割合に応じて議席が配分される比例代表制は，さまざまな意見が反映されやすいが，多くの政
党が乱立して，政治が不安定になりやすい。

(5)②　株主は，会社が倒産しても出資した金額以上の責任を負う必要がない(株主の有限責任)。

(6)　バリアフリー　　物理的・精神的な障害を取り除くことをバリアフリーという。

═══《2024 特別入学者選抜 国語 解答例》═══

1 (1)①こんたん ②おお ③延期 ④耕 (2)イ (3)ア (4)①ウ ②エ (5)①うかがう ②ア ③イ ④エ

2 (1)風 (2)あけばまず (3)桜を尋ねて山に行く (4)①目前の桜 ②イ

3 (1)エ (2)イ (3)勝ってやろうという挑戦心

(4)X．一緒にボールを蹴り合うことで仲良くなる Y．心が弾んでいる (5)ウ

4 (1)X．依存 Y．自分で律する (2)ウ (3)ア (4)あたりまえ

(5)自分ひとりの力では気づけない自らの可能性 (6)エ

═══《2024 特別入学者選抜 数学 解答例》═══

1 (1)12 (2)−1 (3)$a+7b$ (4)$-5ab^2$ (5)$(x+3)(x-4)$ (6)$x=\dfrac{-5\pm\sqrt{33}}{4}$ (7)21π (8)$\dfrac{3}{10}$

(9)①ウ ②$-\dfrac{1}{2}$

2 Ⅰ．(1)イ (2)エ，オ ※(3)$\sqrt{48}-\sqrt{3}<\sqrt{30}$ Ⅱ．(1)44 (2)$6n+8$ (3)32

3 (1)①イ ②イ (2)①$-\dfrac{1}{2}x+3$ ②90 ③$2x$ ④$\left(\dfrac{6}{5}\ ,\ \dfrac{12}{5}\right)$

4 (1)エ (2)①ア ②ウ (3)A市とB市それぞれの35℃以上の日数の割合は，A市は，A市のデータ全体の25%以下であるのに対して，B市は，B市のデータ全体の50%以上であり，B市の方がA市より35℃以上の日数の割合が大きいから。

5 (1)①120 ②$\sqrt{3}$ ③$\dfrac{2\sqrt{3}}{3}$ (2)①4 ②$\sqrt{2}a$ (3)$\dfrac{2\sqrt{2}}{3}$

※の過程は解説を参照してください。

═══《2024 特別入学者選抜 英語 解答例》═══

1 A．(1)ウ (2)ア (3)イ B．(1)イ (2)エ C．(1)ウ (2)エ (3)have been there once

2 (1)(あ)エ (い)ウ (2)(う)March (え)enter (3)(お)member (か)foot

(4)①(き)wrote (く)to try ②read it to him ③borrow it from the library

3 A．(1)エ (2)ウ B．(1)ア (2)how about (3)エ

4 (1)ウ (2)イ (3)ウ (4)エ

5 (1)a short story (2)エ (3)ウ (4)人々を幸せにする (5)languages (6)ウ，オ

━《2024　特別入学者選抜　国語　解説》━

1 (2)　「わからない」の「ない」とイは、打ち消しの意味を表す助動詞である。アとエは形容詞。ウは「あどけない」という形容詞の一部。

(5)①　備前焼工房の方々への敬意を表すために、「聞く」という自分の動作を謙譲語に直す。　②　前の行の「昼夜を問わず向き合われている」に着目する。アの「一朝一夕」は、とても短い時間のこと。　③　時候の挨拶に「すがすがしい若葉の季節となりました」とある。「若葉の季節」というのは5月の時候の挨拶で使われるので、イが適する。　④　結びの言葉は、主文の後に続く言葉であり、送る相手や手紙の用件などに合わせていろいろな言葉が入る。この手紙は、主文の後にそのまま結語が来ているため、結びの言葉を入れた方がよい。

2 (1)　遠くの山から桜の花の香りを運んでくるのは「風」である。

(2)　古文の「づ」は、現代仮名遣いでも「づ」が使われる語以外「ず」に直す。

(3)　解説文にあるように「花見で誰もが山辺に行ってしまい、春には都が寂しくなった」ことを詠んだ歌であり、山まで尋ねて行って桜を見るという行動が一般的であったことを示している。

(4)①　解説文に、『古今集』の時代は、まだ平安京の狭い中にとどまって、<u>目前の桜を見て</u>」とある。　②　Ⅱの和歌は、「私を分けへだてして花見に誘わなかった君の心こそ」とあるように、他者の行動に対する関心が示されている。また、いずれも花見に行く人々、つまり自然を鑑賞することに積極的な人々が描かれており、自然の美しさそのものは描かれていない。よって、イが適する。

3 (1)　10行前に、「横目でケンゴを<ruby>窺<rt>うかが</rt></ruby>うと〜明確な敵意が見て取れた」とあり、ケンゴが「上級生たち」に対して<u>反感を抱いている</u>ことがわかる。また、航大が上級生たちに「一緒に遊ぼうぜ」と声をかけると、ケンゴは<u>ムスッ</u>とした顔で寄ってきて、「あいつらと一緒なら遊ばないよ」と言った。こうしたケンゴの反応から、エが適する。

(2)　1〜6行後に書かれている内容に着目する。「あのときは、戸惑いよりも、単純に<ruby>嬉<rt>うれ</rt></ruby>しいという気持ちが勝った」「<ruby>歳<rt>とし</rt></ruby>の差なんて、全く気にならなかった。むしろ、上級生相手に勝ってやろうという挑戦心がふつふつと湧いてきたものだ」「一緒に遊んでいるうちに仲良くなっていったのだ」などから、イが適する。

(3)　直前に「言われた通り、その光景を想像してみたらしく」とある。ケンゴは、自分が上級生たちをドリブルでかわしてシュートを決めるところを想像し、口元を綻ばしたのである。ケンゴは、航大の言葉で、上級生たちに対する「勝ってやろうという挑戦心」をかきたてられたのである。

(4)X　傍線部ⓒの後に、「できることなら〜一緒にボールを蹴っている間に少年たちが仲良くなってくれればいいな、と航大は願う。もちろん、そううまくはいかないだろう」とある。　Y　ボールを中央に置き、足をのせた航大は、自分が「子供のころのように心が弾んでいることに」気付いた。そして、他の子供たちも皆、「逸る気持ちを抑え」られず、ワクワクしながら試合開始を待っていた。つまり、そこにいる全員が「心が弾んでいることに」気付き、航大は傍線部ⓓのように感じたのである。

(5)　不敵とは、大胆でおそれを知らない様子。前後の「ハンデはいらない」「そうじゃないと、つまらないじゃん」という発言からも、年長者に臆さない強気な様子がうかがえる。よって、ウが適する。

4 (1)X　2〜3行後に「他者に依存し、他者なしでは生きていけなくなってしまうことは『<u>他律性</u>』と呼ばれます」とある。　Y　4行後に「<u>自律性</u>とは『<u>自分を自分で律することができる</u>』ということ」とある。

(3)　直前の一文に「その他律性は、子どもの人生から自律性を奪い去ることを決して意味しません」とある。ここ

から、　ⓓ　には、その「反対」のこと、つまり、他律性が子どもに自律性を与えるといった内容のことばが入ることがわかる。また、２〜３行後に「私たちは、自分が何者であるかを知り、自分のアイデンティティを確立するために、どうしても他者の力を借りなければならないのであり」とある。ここから、自律性は他律性のなかで育まれるものであることがわかる。よって、アが適する。

(4)　直後の２段落の内容に着目する。筆者が、友達の長所として「あまりにもあたりまえなことを書い」たときに、「それを読んだ友達の顔は、たいていの場合はうっすらとした驚きに包まれて」いるとある。「私たちは自分のことをよくわかっていない」ので、他者からすれば「あたりまえ」のことを教えられても驚くのであり、友達は、そういったことを教え合える存在なのである。

(5)　設問の空欄の後に「それを試したり」とあることに着目する。　ⓒ　の前の行に、「子どもは、大人からさまざまな可能性を提示され、それを一つ一つ試していくことによって、自分を少しずつ知っていくことになります」とある。これは、大人についても同様で、大人も友達など他者の影響を受けながら、さまざまな可能性を知ってそれを試したり、自分の個性を理解したりしながら、アイデンティティを形成する。こうした形でアイデンティティを形成したいと願うことが、承認欲求なのである。

(6)　筆者の考えるアイデンティティの形成は、他者の影響を受けながら、「『自分は何者なのか』『自分にはどんな可能性があるのか』ということについての自分なりの理解」を形作ることである。エは、大人の指導を受けながら職場体験をするというのが、他者の影響を受けることにあたり、このことを通して「自分自身の適性や将来の夢について考えることができた」、つまり「『自分にはどんな可能性があるのか』ということについての自分なりの理解」を形作ることができたので、アイデンティティの形成にあてはまる。　ア．乳児は、まだ「『自分は何者なのか』『自分にはどんな可能性があるのか』ということについての自分なりの理解」を形成できる年齢に達していないと考えられるので、適さない。　イ．自転車に乗るという技能の習得や、これまでよりも簡単に友達の家へ遊びに行くことができたというのは、「『自分は何者なのか』『自分にはどんな可能性があるのか』ということについての自分なりの理解」の形成とはいえないので、適さない。　ウ．他者の影響を受けるという過程がないので、適さない。

═《2024　特別入学者選抜　数学　解説》═

1 (1)　与式＝４＋８＝12

(2)　与式＝$-\frac{5}{6}\times 12+\frac{3}{4}\times 12=-10+9=-1$

(3)　与式＝４a－８b－３a＋15b＝**a＋7b**

(5)　積が－12，和が－１である２つの整数を探すと，３と－４が見つかるから，与式＝**(x＋3)(x－4)**

(6)　２次方程式の解の公式より，$x=\frac{-5\pm\sqrt{5^2-4\times 2\times(-1)}}{2\times 2}=\frac{-5\pm\sqrt{33}}{4}$

(7)　【解き方】半径が等しいおうぎ形の面積は，中心角の大きさに比例する。
求める面積は，$6^2\pi\times\frac{210}{360}=21\pi$（cm²）

(8)　【解き方】３個の白玉をW₁，W₂，W₃，２個の黒玉をB₁，B₂と分け，樹形図をかいて考える。
右の樹形図より，２個の玉の取り出し方は全部で10通りあり，そのうち２個とも白玉を取り出す場合は○印の３通りあるから，求める確率は$\frac{3}{10}$である。

W₁＜W₂○　W₂＜W₃○　W₃＜B₁　　B₁—B₂
　　W₃○　　　B₁　　　B₂
　　B₁　　　B₂
　　B₂

(9)①②　【解き方】yの最大値が０だから，放物線は下に開いているので，a＜０である。
－２と４は絶対値が４の方が大きいから，x＝４のときyは最小値－８をとる。よって，正しいグラフは**ウ**である。

(18)

また，放物線の式に$x=4$，$y=-8$を代入すると，$-8=a×4^2$より$a=-\dfrac{1}{2}$

$\boxed{2}$ Ⅰ(1) ①．2乗すると5になる数は$±\sqrt{5}$だから，正しい。 ②．$\sqrt{(-5)^2}=\sqrt{25}=5$だから，正しくない。
よって，①のみ正しいので，**イ**が適当である。

(2) 【解き方】分数に直したとき，分子と分母のどちらかを整数で表すことができない数が無理数である。整数は分母が1の分数で表せるので，無理数ではなく有理数である。

$-\sqrt{4}=-2$，$-0.7=-\dfrac{7}{10}$，$\dfrac{8}{\sqrt{2}}=\dfrac{8\sqrt{2}}{2}=4\sqrt{2}$，となるから，無理数であるものは**エ，オ**である。

(3) $\sqrt{48}-\sqrt{3}=4\sqrt{3}-\sqrt{3}=3\sqrt{3}=\sqrt{27}$であり，$27<30$だから，$\sqrt{27}<\sqrt{30}$である。よって，$\sqrt{48}-\sqrt{3}<\sqrt{30}$

Ⅱ(1) 継ぎ目の数に関わらず，両端のボルトの個数は$4×2=8$（個）である。継ぎ目の数が6か所のとき，継ぎ目に使用するボルトの個数は$6×6=36$（個）だから，ボルトの総数は$8+36=$**44**（個）である。

(2) (1)の解説をふまえる。継ぎ目の数がnか所のとき，継ぎ目に使用するボルトの個数は$6n$個だから，ボルトの総数は（**6n＋8**）個である。

(3) $6n+8=200$を解くと，$n=32$となる。よって，継ぎ目の数は**32**か所できる。

$\boxed{3}$ (1)① 直線$y=ax+b$について，グラフが右上がりの直線だから$a>0$，切片が負だから$b<0$である。
したがって，条件に合うものは**イ**の$a=2$，$b=-1$である。

② 直線のグラフの傾きぐあいはaの値によって決まり，$a>0$において，aの値が小さいほど，傾きもゆるやかになる。よって，正しいものは**イ**である。

(2)① 直線ABの式を$y=cx+d$とすると，切片が3だから，$d=3$である。また，2点A，Bについて，x座標が0から6に6だけ増えると，y座標が3から0に3だけ減るので，直線の傾きは$\dfrac{-3}{6}=-\dfrac{1}{2}$である。
したがって，直線ABの式は$y=-\dfrac{1}{2}x+3$

② OPの長さが最小になるのは，OPが直線ABの垂線となるときだから，$∠OPA=$**90°**のときである。

③ 【解き方】△OAB∽△HPOを利用して，OH：HPから直線OPの傾きを求める。
△OAB∽△HPOで，BO：OA$=3：6=1：2$だから，
OH：HP$=1：2$である。OH$=t$，HP$=2t$とおくと，
直線OPの傾きは，$\dfrac{HP}{OH}=\dfrac{2t}{t}=2$だから，直線OPの式は$y=$**2x**である。

④ 【解き方】直線ABの式と直線OPの式を連立方程式として解く。
$y=-\dfrac{1}{2}x+3$と$y=2x$を連立して，yを消去すると，$-\dfrac{1}{2}x+3=2x$
$-x+6=4x$ $5x=6$ $x=\dfrac{6}{5}$となる。$x=\dfrac{6}{5}$を$y=2x$に代入して，$y=2×\dfrac{6}{5}=\dfrac{12}{5}$だから，$P\left(\dfrac{6}{5}, \dfrac{12}{5}\right)$

$\boxed{4}$ (1) 四分位範囲は第1四分位数から第3四分位数までの，真ん中に集まる約半数のデータの散らばりの度合いを示し，最大値，最小値付近のデータをあまり含まないので，極端にかけ離れた値の影響を受けにくい。よって，適切なものは**エ**である。なお，箱ひげ図の箱の長さが四分位範囲を表す。

(2) 【解き方】箱ひげ図からは，右図のようなことがわかる。

① A市，B市ともに，第1四分位数は32℃と33℃の間にあるが，A市の方が大きいことがわかる。よって，**ア**が適当である。

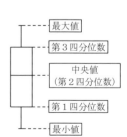

② A市，B市ともに，32℃は最小値と第1四分位数の間にあるが，この区分の中のデータの分布は読み取ることができない。よって，**ウ**が適当である。

(3) A市は第3四分位数が35℃より小さいから，35℃以上の日は全体の$\dfrac{1}{4}$以下，つまり25%以下である。B市は中央値が35℃より大きいから，35℃以上の日は全体の$\dfrac{1}{2}$以上，つまり50%以上で

ある。よって，35℃以上の日数の割合が大きい方が暑いと考えると，Ｂ市の方が暑かったといえる。

5 (1)① 中心角は，同じ弧に対する円周角の2倍の大きさだから，∠ＡＨＢ＝2∠ＡＣＢ＝2×60°＝120°である。
または，△ＡＨＢ，△ＢＨＣ，△ＣＨＡは合同な二等辺三角形だから，∠ＡＨＢ＝360°×$\frac{1}{3}$＝120°である。

② 【解き方】図1のように，正三角形の1辺の長さと高さの比は2：$\sqrt{3}$である。
ＡＢ＝2cmだから，正三角形ＡＢＣの高さは$\sqrt{3}$cmである。
よって，△ＡＢＣ＝$\frac{1}{2}$×2×$\sqrt{3}$＝$\sqrt{3}$（cm²）

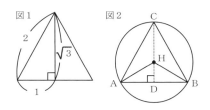

③ 【解き方】図2のように，ＣＤを引く。
∠ＡＨＢはＣＤによって2等分されるから，∠ＡＨＤ＝120°×$\frac{1}{2}$＝60°である。よって，△ＡＨＤは3辺の長さの比が1：2：$\sqrt{3}$の直角三角形なので，ＡＨ＝$\frac{2}{\sqrt{3}}$ＡＤ＝$\frac{2}{\sqrt{3}}$×$\frac{1}{2}$ＡＢ＝$\frac{2\sqrt{3}}{3}$（cm）である。

(2)① 正四面体ＰＲＵＷの体積は，立方体ＰＱＲＳ‐ＴＵＶＷの体積から，三角すいＱＰＲＵ，三角すいＶＵＷＲ，三角すいＳＲＰＷ，三角すいＴＵＷＰの合同な4つの三角すいの体積を引くことで求められる。よって，三角すいＱＰＲＵの体積の4倍を引けばよい。

② △ＰＱＲは直角を作る2辺の長さがacmの直角二等辺三角形だから，ＰＲ＝$\sqrt{2}$acmとなるので，正四面体ＰＲＵＷの1辺の長さは$\sqrt{2}$acmである。

(3) 【解き方1】(1)より，正四面体ＯＡＢＣの1辺の長さが2cmのとき，底面とする△ＡＢＣの面積は$\sqrt{3}$cm²である。

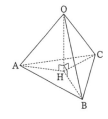

三平方の定理より，ＯＨ＝$\sqrt{ＯＡ²－ＡＨ²}$＝$\sqrt{2²－(\frac{2\sqrt{3}}{3})²}$＝$\sqrt{\frac{8}{3}}$＝$\frac{2\sqrt{2}}{\sqrt{3}}$（cm）
よって，求める体積は，$\frac{1}{3}$×$\sqrt{3}$×$\frac{2\sqrt{2}}{\sqrt{3}}$＝$\frac{2\sqrt{2}}{3}$（cm³）

【解き方2】正四面体ＰＲＵＷの1辺の長さを2cmとすると，(2)②より，
立方体ＰＱＲＳ‐ＴＵＶＷの1辺の長さは2×$\frac{1}{\sqrt{2}}$＝$\sqrt{2}$（cm）である。
これをもとに，(2)①の方法で体積を求める。

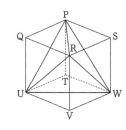

立方体ＰＱＲＳ‐ＴＵＶＷの体積は，$\sqrt{2}$×$\sqrt{2}$×$\sqrt{2}$＝2$\sqrt{2}$（cm³）
三角すいＱＰＲＵの体積は，$\frac{1}{3}$×$\frac{1}{2}$×$\sqrt{2}$×$\sqrt{2}$×$\sqrt{2}$＝$\frac{\sqrt{2}}{3}$（cm³）
よって，求める体積は，2$\sqrt{2}$－$\frac{\sqrt{2}}{3}$×4＝$\frac{2\sqrt{2}}{3}$（cm³）

── 《2024 特別入学者選抜 英語 解説》 ════════════

1 問題A(1) 「明日の午前は晴れ，午後は雨でしょう」より，ウが適当。

(2) 「このカップが気に入っています。星の模様があります」より，アが適当。

(3) 「我々のクラスではサッカーが一番人気で，野球は卓球と同じくらい人気です」より，イが適当。

問題B(1) 質問「エミリーは今日，仕事を終わらせなければなりませんか？」…Ａ「ブラウン先生，私は今日中にこの仕事を終わらせなければいけませんか？」→Ｂ「いや，その必要はないよ，エミリー。来週の水曜日までに終わらせてね」より，イ「いいえ，その必要はありません」が適当。 (2) 質問「ハナはマイクに何をしてほしいですか？」…Ａ「マイク，これらの箱を私の部屋に持っていってくれない？」→Ｂ「いいよ，ハナ。でも少し待ってね。今，皿洗いをしてるんだ」より，エ「箱をハナの部屋へ持っていく」が適当。

問題C　【放送文の要約】参照。　(2)　show the kids how to fold paper cranes の部分を聞き取る。　(3)　経験の回数を尋ねる現在完了の文に，４語以上の英語で答える。（例文の訳）「私はそこに１回行ったことがあります」

【放送文の要約】

ミカ，今から，明日あなたがすることを言います。(1)ウ幼稚園には午前８時に来てください。自分の昼食を持参してください。ペットボトルの水はこちらで用意します。子どもたちは，午前中の日本文化の体験を楽しみにしています。(2)エミカ，あなたは子どもたちに折り鶴の折り方を教えてあげてください。日本人は病気の人のために千羽鶴を折るということを，私は知っています。昼食後，私たちは動物園に行きます。日本のあなたの住む都市には有名な動物園がありますよね？あなたは以前にそこを訪れたことがあると聞いています。(3)そこには何回行ったことがありますか？

2　(1)(あ)　カズキの発言「虫歯があるみたいだ」より，メアリーの発言は「そうなの？歯医者（＝dentist）に行ったほうがいいよ」が適当。　　　(い)　サナが「うん。駅に集合だよ」と場所を答えているから，メアリーは「私たちは試合でどこに（＝where）集合するか知ってる？」と，集合場所を尋ねたと判断する。

(2)(う)　入場券の日時の「月」の部分を補う。　　(え)　入場券はホールに入るための券である。

カズキ「僕たちは(う)３月（＝March）20日，木曜日にのぞみホールでコンサートをします。僕たちは先生を招待したいです。(え)ホールに入るために（＝to enter the hall），このチケットを使ってください」→グレン先生「ありがとう。コンサートが楽しみだよ」

(3)(お)　メアリー「あなたは部活に入ってる？」→サナ「うん。私は美術部の部員（＝a member of the art club）だよ」→メアリー「楽しそうだね」の流れ。　　　(か)　メアリー「すみません。郵便局行きのバスはここから乗ればいいですか？」→カズキ「ええと，そこには徒歩で（＝on foot）行けますよ」→メアリー「そうなんですか？ありがとうございます。歩いて行けるのがわかってよかったです」の流れ。

(4)①(き)　文末の five years ago「５年前」より，過去形の wrote にする。　　(く)　文意「（　　）は時に，難しいかもしれません」より，主語になれる形にする。「挑戦すること」を意味する to try にする。

②　記録シートの「弟が好きそうな本だから，読んであげたい」の部分である。I want to の直後は動詞の原形を置く。　　「（人）のために〜を読んであげる」＝read＋〜＋to＋人

③　記録シートの「図書館から借りられるのかな」の部分を５語以上の英語にする。「（場所）から（もの）を借りる」＝borrow＋もの＋from＋場所

3　問題A　【本文の要約】参照。(1)　スピーチにおにぎりを食べたという記述はないから，エが当てはまらない。

(2)　〈関係代名詞（＝who）＋語句〉が後ろから farmer を修飾する文で，「〜する農家」という意味になる。ポールが交流した農家は昆虫などの自然の力を借りてよい米を育てているから，ウが適当。ア「水田を売る」，イ「役に立つ商品を買う」，エ「最新のＡＩ技術を使う」はスピーチの内容と合わない。

【本文の要約】

昨日僕は(1)ア水田に稲を植えました。最初は難しかったのですが，米農家の方が手伝ってくれました。作業の後，僕は水田で(1)ウ何匹かの昆虫を見かけました。それらの昆虫が稲にとっていいものだとは思わなかったので，僕は(1)イ昆虫のことを農家の方に言いました。すると彼女は，「昆虫の中には稲に被害を与えるものもいるけれど，他の昆虫がそういう害虫を食べてくれるのよ。この水田の中や周りの生き物は，みんなつながっていて，重要なの」と言いました。彼女はそのような自然環境のおかげでよい米を育てているのです。将来僕は彼女のような，ウ自然から助けを得る農家になりたいと思います。

問題B 【本文の要約】参照。

(1) アミは，直前のジョーの発言の I'll miss her. に同調しているから，ア「悲しい」が適当。イ「眠い」，ウ「勇気のある」，エ「誇らしい」は不適当。

(2) もの／ことを提案する時や，相手の意見を尋ねる時に使う，how about ~?「～はどうですか？」が適当。

(3)【ジョーが書いた日記の要約】参照。①② ジョーがすすめているのは日本で人気のある携帯扇風機である。

③ アミがすすめているのは伝統的な扇子である。 ④ アミの3回目の発言参照。最後の文の it は2文前の発言の a folding fan「扇子」を指す。

【本文の要約】

アミ ：キャシーが来月，日本の他の学校に転校するの。

ジョー：本当？さみしくなるなあ。

アミ ：私もだよ。実はすでに (あ)ア悲しい（＝sad）よ。彼女のために何かしたいな。

ジョー：いい考えだね。彼女はよく，日本の夏は本当に暑いと言っているね。何か夏に役に立つものをあげようよ。

アミ ：だったら，(い)扇子はどうかな？（＝how about a folding fan?）日本の(3)③伝統的なアイテムだよ。(3)④それは日陰を作るために使うこともできるよ。

ジョー：へえ，そんな風に使えるなんて知らなったな。

アミ ：だから私は扇子がいいと思うな。ジョー，(い)あなたはどう？（＝how about you?）

ジョー：そうだな，僕は別のアイデアがあるよ。(3)①携帯扇風機がいいと思う。(3)②人気もあるし。日本では多くの若者が携帯扇風機を使っているよ。

アミ ：どちらの方がいいかな？決めるのは難しいね。

ジョー：明日彼女に会うよね？その時キャシーに聞いてみようよ。

アミ ：そうだね。

【ジョーが書いた日記の要約】

アミと僕はキャシーにプレゼントをあげるつもりだ。僕は①携帯（＝portable）扇風機がいいと思う。何か，日本で②人気のある（＝popular）ものをあげるべきだと思う。でも，アミは何か③伝統的な（＝traditional）ものがいいと考えている。僕は，④扇子（＝folding fan）は日陰を作るのに使えることを知った。僕らは明日，キャシーに聞いてみるつもりだ。

4 【掲示物の要約】，【会話の要約】参照。 (4) ア「キッズフェスティバルは北高で×毎月開催されている」 イ「第15回キッズフェスティバルでは，子どもたちは×2つのイベントに参加することができる」 ウ「×マサミは『ワンダフルカラーズ』のイベントは高校生にぴったりだと言っている」 エ○「フミとロイは7月10日に学生センターへ行くつもりだ」

【掲示物の要約】

～ 第15回 北高キッズフェスティバル ～

フェスティバルの (あ)ウボランティアが必要です！

7月2日 北高生徒会

北高の生徒たちへ

本校では毎年8月にキッズフェスティバルを開催しています。今年は，8月2日に子どもたちが本校にやってきます。(1)ウ第15回キッズフェスティバルを開催するにあたり，お手伝いしてくれるボランティアの生徒を探しています。子どもたちは4つのイベントから1つ選んで参加します。皆さんは子どもたちの活動を手伝ってください。

8月2日　第15回キッズフェスティバルのイベント		
イベント	タイトル	活動
1	ワンダフルカラーズ	インクで新しい色を作ろう
2	ファンタスティックミュージック	自分自身の楽器を作ろう
3	イージークッキング	(3)ウクッキーを作ろう
4	エキサイティングラグビー	特別なラグビーをしよう

＊第14回キッズフェスティバルも同じ活動を行いました。

(4)エ仕事についてもっと説明するためのミーティングを開きます。7月10日午後4時30分に学生センターに来てください。

第14回キッズフェスティバルで手伝ってくれた生徒からの声
・「ワンダフルカラーズ」がとても面白かったです。高校生でも色について学ぶことができます。―ディエゴ
・(2)イ将来教師になりたいのなら，このフェスティバルはよい機会です。子どもたちからたくさんのことを学ぶことができます。―アキナ
・子どもたちと一緒に，自分たちで作った楽器を演奏しました。とても創造的なイベントでした。―マサミ

【会話の要約】

フミ：私は子どもたちがフェスティバルを楽しむ手助けをしたいな。私の夢は先生になることだよ。掲示物で(い)ィアキナさんが，このフェスティバルは私みたいな生徒にとってぴったりだと言っているよ。

ロイ：いいね。僕はこのイベントに参加したいな。(3)ウ僕はケーキや甘いものを作るのが好きだし，それらを作るのを子どもたちに楽しんでほしいよ。

フミ：(4)エ私は情報をもっと得るために，ミーティングに参加するよ。ロイ，あなたはミーティングに参加する？

ロイ：(4)エもちろん参加するよ。一緒に行こう。

5 【本文の要約】参照。

(1)　something to read「何か読むもの」は直後の文の a short story「短編物語」を指す。

(2)　ア，イ，ウは第2段落にある内容である。

(3)　「⬚⬚⬚ので，自動販売機から短編物語を入手するのはわくわくする」…直後の3文より，ウ「人々はどんな短編物語が出てくるかわからない」が適当。

(4)　直前の2文より，make people happy「人々を幸せにする」の部分を答える。

(5)　「フランス語，英語，スペイン語といった複数の（　）で読むことができる」より，languages「言語」が適当。

(6)　ア「読み終えた後は，短編物語の自動販売機のところに紙片を×置いていかなければならない」　イ×「アンと4人の人は一緒にお菓子の自動販売機を開発した」…本文にない内容。　ウ○「4人の人は会話から新しいアイデアのひらめきを得た」　エ「短編物語の自動販売機は×フランスだけでしか見つけられない」　オ○「願いがあれば，アイデアを実現させるために努力することができる」

【本文の要約】

　自動販売機は通常，飲み物や食べ物を売っています。皆さんは，何か読むものを無料で提供してくれる自動販売機があることを知っていますか？私たちはその販売機から，短編物語を入手することができます。短編物語を提供してくれる自動販売機についてお話します。

　その自動販売機から，短編物語を入手するのは簡単です。ボタンを押すと，レシートのような細長い一片の紙が出て

きます。これは，その自動販売機のところにいる私の写真です。細長い一片の紙にひとつの短編物語が印刷されています。もう一度ボタンを押せば，また細長い一片の紙が出てきます。お望みであれば，(2)ア2つ以上の紙片をもらうこともできます。それを持ち去ることもできます。(2)イすべての短編物語は無料です。その販売機にはボタンが3つあって，それぞれ，1，3，5と数が書いてあります。(2)ウその数は，短編物語を読むのに何分必要かを示しています。例えば，3のボタンを押すと，約3分で読める物語が出てきます。

　自動販売機で短編物語を手に入れることは，宝箱を開けるようです。(3)ウ宝箱の中には何が入っているかわからないので，開けるときはわくわくします。それはこのユニークな自動販売機にも当てはまります。自分が入手する物語を選ぶことはできません。自動販売機があなたのために選んでくれます。また，自動販売機の中にはとてもたくさんの物語があるので，同じ物語を入手するのはほぼ不可能です。このようにして，この自動販売機は楽しい読書時間を提供してくれます。

　この短編物語の自動販売機は，フランスのある会社によって開発されました。ある日，その会社の4人の社員がお菓子を買うために自動販売機に行きました。(6)ウ彼らが自動販売機のそばで話している時，ひとりがこう言ったのです。「もし自動販売機が物語を出してくれたら，すごくうれしいんだけど」それが彼らにひらめきを与え，無料の短編物語を提供する販売機を作るというアイデアを思いついたのです。(4)彼らがそのアイデアを思いついた時，ひとつの願いも抱きました。それは，新たな自動販売機によって，人々を幸せにすることでした。そのような自動販売機は夢のように聞こえますが，彼らの願いは強く，彼らはあきらめませんでした。

　現在，短編物語の自動販売機は世界中の多くの場所で使われています。物語は，フランス語，英語，スペイン語といった複数の (お)言語（＝languages）で読むことができます。なぜこの自動販売機は世界中で人気があるのでしょうか？自動販売機が提供する短編物語を読むことはとてもユニークな体験であり，人々はそれを楽しんでいるのです。私は，その4人の人たちは成功したと思います。彼らのアイデアは実現しました。私は，もし何か新しいものを作りたければ，ひらめきと願いを抱くことが重要なのだということを彼らから学びました。ひらめきは身のまわりのあらゆるものから得ることができ，私たちに新しいアイデアを与えてくれます。(6)オ願いは，そのアイデアを実現させるために私たちが努力するのを助けてくれます。この4人のように，ひらめきを得て挑戦しましょう。

《2023　一般入学者選抜　国語　解答例》

1 (1)ⓑ混乱　ⓔ届　ⓔとくめい　ⓕあわ　(2)イ　(3)自分がおすすめした本　(4)ア　(5)三崎さんが自分の好きな本を気に入り、本の感想を聞かせてくれる　(6)エ

2 (1)A，B　(2)エ　(3)X．解放　Y．持続　(4)ウ

3 (1)ア　(2)ウ　(3)X．断熱効果　Y．空を飛ぶ　(4)イ　(5)自分の生きる環境や行動に合わせて、生存に有利になるようデメリットとの妥協点を探る　(6)エ

4 (1)ウ　(2)イ　(3)利用者には、様々な立場から書かれた多くの著作物に触れられるというメリットがあります。そして、その利用者が執筆する際は、自身が触れた著作物から得た知見をもとに、新たな著作物を生み出すことが期待できます。

《2023　一般入学者選抜　数学　解答例》

1 (1)6　(2)20　(3)-10　(4)$\dfrac{8}{3}a^2$　(5)$-7-3\sqrt{3}$

(6)ある正の整数から3をひいた数は$x-3$と表される。これを2乗すると64であるから，

$(x-3)^2=64$　$x-3=\pm8$　$x-3=8$のとき$x=11$　$x-3=-8$のとき$x=-5$

よって，$x=11$，-5　xは正の整数だから，$x=-5$は問題にあわない。$x=11$は問題にあっている。　答　11

(7)$y=-\dfrac{3}{x}$　(8)$1-p$　(9)$a=3$　(10)$\dfrac{16}{3}\pi-4\sqrt{3}$

2 (1)①ア　②ウ　(2)イ　(3)2010年…ウ　2015年…イ　2020年…ア

3 (1)①$180x+120y=1500$　②プリン…7　シュークリーム…2　(2)①4　②シュークリーム…8　ドーナツ…6

4 (1)①$\dfrac{1}{4}$　②$0\leqq y\leqq4$　(2)-1　(3)$y=2x-4$

5 (1)(あ)イ　(い)オ　(2)ウ

(3)①△BCFと△GFCにおいて，

円Mの半径は線分BFの長さと等しいから，BF＝GC…①

円Nの半径は線分BCの長さと等しいから，BC＝GF…②

また，共通な辺だから，CF＝FC…③

①，②，③から，3組の辺がそれぞれ等しいので，△BCF≡△GFC

②ウ

《2023　一般入学者選抜　英語　解答例》

1 A．(1)イ　(2)ウ　B．(あ)breakfast　(い)park　(う)apples　C．(1)ア　(2)イ　D．(1)イ→ウ→ア

(2)Can I study in this library

2 (1)Saturday　(2)ウ　(3)flowers　(4)bought　(5)エ

3 (1)send this to　(2)be glad to read this

4 (1)ア　(2)is difficult for them to　(3)イ　(4)ア　(5)ウ

5 (1)イ　(2)①音楽で表現したい　②文化と歴史　(3)エ　(4)ウ→ア→イ　(5)open a door　(6)イ，ウ

— 《2023　一般入学者選抜　理科　解答例》

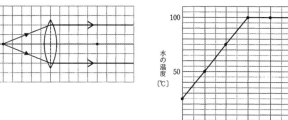

1　(1)①アンモニア　②ウ　　(2)①ア　②右図

　　(3)①右グラフ　②ウ　　(4)①X　②エ

2　(1)イ　　(2)0.15　　(3)33　　(4)イ，ウ

　　(5)オーム　　(6)①4.5

　　②発生した熱の一部が，空気中に放出したため。

3　(1)ウ　　(2)イ　　(3)2HCl／CO₂　　(4)軟体動物　　(5)ア　　(6)ウ　　(7)エ

4　(1)ゾウリムシ　　(2)ア　　(3)エ　　(4)①(a)ウ　(b)エ　(c)イ

　　②微生物の分解能力が追いつかず，有機物が分解されずに多く残る

5　(1)マグネシウム　　(2)＋　　(3)ア　　(4)ア　　(5)エ　　(6)(a)ア　(b)オ　(c)ク

— 《2023　一般入学者選抜　社会　解答例》

1　(1)渡来人　　(2)ウ　　(3)エ　　(4)ア　　(5)キリスト教徒ではないと証明させる　　(6)P．異国船打払令

　　Q．清がイギリスに敗北した

2　(1)ウ　　(2)白夜　　(3)インド洋　　(4)ウ　　(5)北半球に位置しており，オーストラリアは，南半球に位置している

　　ため，季節が逆になるから。

3　(1)富岡製糸場　　(2)①イ　②民鉄の国有化　　(3)イ　　(4)ウ→ア→イ→エ　　(5)貨物輸送分担の半数以上を占める

　　自動車から，鉄道と船へ輸送手段を転換することで，二酸化炭素の排出を削減できる

4　(1)黒潮　　(2)エ　　(3)都市名…宮崎／台風　　(4)イ　　(5)面積割合に対する人口割合の比が大きく，人口密度が高い

5　(1)エ　　(2)公共の福祉　　(3)ウ　　(4)東南アジア諸国連合　　(5)①意見を反映しやすい　②ア　　(6)ウ

　　(7)他国と比べて，一次エネルギー自給率が低く，資源を輸入に頼る

━《2023　一般入学者選抜　国語　解説》━

1　著作権上の都合により文章を掲載しておりませんので、解説も掲載しておりません。ご不便をおかけし、誠に申し訳ございません。

2　(1)　A．古文の「ア段＋う」は「オ段＋う」に直すので、「やうやう」は「ようよう」。　　B．古文で言葉の先頭にない「はひふへほ」は「わいうえお」に直すので、「山ぎは」は「山ぎわ」。

(2)　　@　の直前に「『をかし』の陽に対して」とあるので、「陽」の対義語が入ると判断できる。よって、エの「陰」が適する。

(3)　──線ⓑのある段落で、「『をかし』の文学」である『枕草子』について「『をかし』は、非持続的な感情だと評してよいはずである。笑うことで解放されるような感情を基調とする文学」だと述べている。また、「『あはれ』の文学」である『源氏物語』に関して「『あはれ』は一つのことに感じて、そこから思いが他へひろがり、一段深々と感じる時の、持続的な情緒である」と述べている。

(4)　──線ⓑの直後の段落で「清少納言〜その述作(＝作品)は〜仲間のみんなに支えられた文章行為の軌跡と見るべきものだ」と述べている。また、──線ⓒのある一文の「みんなの文学への参加の要領をつか」むとは、たとえば『枕草子』の冒頭の「春は曙」を「をかしきもの　春は曙」ととらえるようなこと、つまり「主題の省略と見なおす〜主題省略文〜そういう主題を目下の共通の話題にしている、ということを諒解しあった、仲間の間で成り立つ構造の文」だととらえること。そのように、省略された主題を補って解釈することで、「現代のわれわれに、『枕草子』の世界が開放され、千年の時間差が解消する(清少納言たちと感情を共有できる)」と述べている。これらの内容に、ウが適する。

【文章Ⅰの内容】

　　春といえば、夜明け方。だんだんと白くはっきりしていく空の、山と接するあたりが、少し赤く明るくなって、紫がかった雲が、細く横長にただよっているの(が良い)。

3　(2)　「〜のようだ」と、直接比較してたとえているので、ウの「直喩法」。

(3)X　──線ⓒまでの文章中に、「ペンギンをはじめとする潜水性の鳥類は、羽に〝撥水加工〟〜撥水加工の利点のひとつは、断熱効果が高まること〜羽が濡れてしまうと〜どんどん体温を奪われてしまう。羽が濡れないようにすることで〜『空気を含む羽の層』を作り、空気の断熱効果によって体温の低下を防止することができる」、「ウの仲間は、潜水性の鳥類でありながら、羽の撥水能力が非常に低く、潜ったあとはびっしょりと濡れてしまう〜羽が濡れていると体が冷えてしまう」とある。これらの内容から、二者を比較する項目として「断熱効果」が適する。

Y　ここでの「代償」とは、目的を達成するために犠牲にしたり失ったりするもののこと。後で「濡れてしまう羽にはひとつだけ確実なメリットが存在している〜圧倒的に潜りやすいのだ」と述べているのを参照。潜水しやすいというメリットの「代償」、つまり、濡れた羽のデメリットは何かを読みとる。断熱効果が低いことは　Y　の上の段でふれている。それ以外のデメリットは、──線ⓑの1行前で「水を吸った羽は重くて、空を飛ぶのも難しくなる」と述べられている。

(4)　──線ⓓの直前の「そう思うと」が、「ウ」に対してどのような見方をするようになったことを指すのか考える。それは、直前で述べた「ウの仲間の羽は、潜りやすく、かつある程度は体温を維持できるような〝いいとこ取り〟の構造になっているらしい。潜水後、羽を広げて乾かすことは、その代償なのだ」というとらえ方である。そ

れまで「ウは〜乾くまでじっと待ちつづける〜ほかの潜水性鳥類があっというまに体を乾かす様子と比べると、なんだかとっても非合理的で〜劣化なのでは……」などと思っていた、「ウ」の立ち姿を見る目が変わったということ。この内容に、イが適する。直後の段落で「ネガティブな表現ではなく〜ポジティブな書き方〜世の真理は多面的で、見ようによっては真逆のとらえ方になるということをつくづく痛感する」と述べているのも参照。

(5)　文章後半の、「進化」とは何かについて述べた部分に着目する。その中で「進化とは世代を超えて起きた『変化』のこと〜生息する環境や行動が変われば、『適応的な構造』も変化する〜『あちらを立てればこちらが立たぬ』という状況は、生物の進化において頻繁に生じている〜さまざまな制約があるなかで、デメリットを受け入れたうえで、『それでもなんとかうまくやっていける』という妥協点を探る過程が、進化の本質なのかもしれない」と述べている。　　　　にあてはまるのは、下線部の内容。「さまざまな制約」とは具体的にどのようなことか、「それでもなんとかうまくやって」いくとはどういうことかが明確にわかるように説明する。

(6)　この文章では、「進化」とは何かを語るために、水を吸いやすい「ウ」の羽の構造、ひづめが1本になった「ウマの仲間」といった具体例を取り上げている。「進化という言葉は、一般的には、『強くなること』〜『進歩すること』といったニュアンスで使われる〜一方、退化という言葉は、進化の対義語として扱われ〜ネガティブな意味合いで使われている」が、「生物学では、進化と退化は反対の概念ではなく、退化も〝進化の一部〟だということ、つまり「変化の方向がプラスかマイナスかは関係ない」「優先事項が異なるもの同士を比較して、どちらが良いのかジャッジすることなど不可能だ」ということを述べている。このように、一般的に用いられている「進化」という言葉と、生物学における「進化」、筆者が考える「進化」は大きく異なるということを述べたうえで、「さまざまな制約があるなかで、デメリットを受け入れたうえで、『それでもなんとかうまくやっていける』という妥協点を探る過程が、進化の本質なのかもしれない」とまとめている。よって、エが適する。

4　(1)　【資料Ⅰ】は、「井沢冬子さんは、その著書で」とだけ記し、全9行の記事のうち5行以上が著書の引用である。一方、【資料Ⅱ】は、「(井沢冬子『私とテニス』桜木出版、2022年、37ページ)」と、書名、出版社名、発行年、引用部分のページ番号も記され、著書の引用は2行に減っている。ここから、ウのような指摘を受けて直したことがうかがえる。

(2)　【資料Ⅲ】には「著作物とは　①『思想又は感情』に関するもの　②『創作的』なもの　③『表現した』もの　④『文芸、学術、美術又は音楽の範囲』に属するもの　という4つの要件すべてを満たすもの」とある。よって、創作的なものでないイの「日本の総面積のデータ」は、著作物にあたらない。

= 《2023　一般入学者選抜　数学　解説》 =

1　(2)　与式＝16＋4＝20
　(3)　与式＝－3a－5－5＋3a＝－10
　(4)　与式＝4a²b×$\frac{2}{3b}$＝$\frac{8}{3}$a²
　(5)　与式＝$(\sqrt{3})^2$＋$(2-5)\sqrt{3}$＋2×(－5)＝$3-3\sqrt{3}-10$＝$-7-3\sqrt{3}$
　(6)　解答例のようにxについての2次方程式を立てる。x＞0より、x＝－5は問題に合わないことを明記する。
　(7)　yはxに反比例するので、y＝$\frac{a}{x}$と表せる。この式にx＝－3、y＝1を代入し、aについて解くと、a＝－3となるから、y＝$-\frac{3}{x}$である。
　(8)　起こり得るすべての確率の和は1となるから、ことがらAの起こらない確率は、1－pである。
　(9)　反例とは、ことがらが成り立たない場合の具体的な例のことである。解答例以外でも条件に合えばよい。

(10) 【解き方】右図のように補助線を引く。色つき部分の面積はおうぎ形
ＯＢＣの面積から，△ＯＢＣの面積を引いて求める。

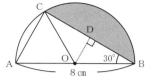

ＯＢ＝ＯＣより△ＯＢＣは二等辺三角形だから，△ＯＢＤ≡△ＯＣＤであり，
これらは辺の長さの比が$1:2:\sqrt{3}$の直角三角形だから，ＯＤ＝$\frac{1}{2}$ＯＢ＝
$\frac{1}{2}×4＝2$（cm），ＢＤ＝$\sqrt{3}$ＯＤ＝$2\sqrt{3}$（cm）より，△ＯＢＣ＝2△ＯＢＤ＝$2×\frac{1}{2}×2\sqrt{3}×2＝4\sqrt{3}$（cm²）
また，∠ＡＯＣと∠ＡＢＣは$\overset{\frown}{AC}$に対する中心角と円周角だから，∠ＡＯＣ＝$30°×2＝60°$
∠ＢＯＣ＝$180°－60°＝120°$だから，（おうぎ形ＯＢＣの面積）＝$4^{2}π×\frac{120°}{360°}＝\frac{16}{3}π$（cm²）
したがって，色つき部分の面積は，$\left(\frac{16}{3}π－4\sqrt{3}\right)$cm²

2 【解き方】箱ひげ図からは，右図のようなこと
がわかる。半分にしたデータ（記録）のうち，
小さい方のデータの中央値が第1四分位数で，
大きい方のデータの中央値が第3四分位数となる。

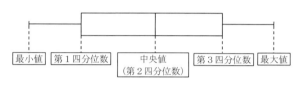

(1)① 第3四分位数は箱ひげ図の箱の右端の値である。2015年の第3四分位数は，2010年より小さいので，
正しい。

② 平均値は箱ひげ図から求めることができない。よって，**花子さんが作った箱ひげ図からはわからない。**

(2) 最小値から第1四分位数までと，第3四分位数から最大値までに全データの約$\frac{1}{4}$ずつが含まれる。
つまり，箱ひげ図の箱の部分には，$1－\frac{1}{4}×2＝\frac{1}{2}$より，全データの約$\frac{1}{2}$＝約50％が含まれることになる。

(3) 2015年のみ最大値が9.0秒以上9.5秒未満の階級にあるので，2015年のヒストグラムは**イ**である。
また，2年生全体の人数はヒストグラムから大まかにしか求められないが，2020年の箱ひげ図は2010年の箱ひげ
図と比べて箱の長さが短いので，2020年の方が全体の約50％のデータが真ん中あたりに集まっていると考えられ
る。よって，2020年のヒストグラムが**ア**，2010年のヒストグラムが**ウ**である。

3 (1)① プリンとシュークリームの合計金額が1500円となるような式を立てると，$180x＋120y＝1500$となる。
② ①の式の両辺を60で割って，$3x＋2y＝25…$㋐とする。買うことができる個数について，$x＋y＝9…$㋑とする。
㋐－㋑×2でyを消去すると，$3x－2x＝25－18$　　$x＝7$
$x＝7$を㋑に代入して，$7＋y＝9$より$y＝9－7＝2$　　　よって，プリンは**7**個，シュークリームは**2**個である。

(2)① 【解き方】120円のシュークリームをa個，90円のドーナツをb個買った金額の合計が1500円だから，
$120a＋90b＝1500$より$4a＋3b＝50…$㋒となる。まず，この等式が成り立つa，bの組を1組見つける。
$50÷4＝12$余り2より，aは12以下である。a＝12のとき，$48＋3b＝50$より$b＝\frac{2}{3}$となり，自然数にならな
いから条件に合わない。a＝11のとき$44＋3b＝50$より$b＝2$となり，条件に合う。したがって，㋒を満たす
（a，b）の組として(11，2)が見つかった。この組み合わせをもとに他の組み合わせを探す。
aを1減らすと4aは4減り，bを1増やすと3bは3増える。4と3の最小公倍数は12だから，4aが12減っ
て3bが12増えるように，aを$12÷4＝3$減らしてbを$12÷3＝4$増やしても，㋒が成り立つ。
よって，（a，b）＝(11，2)以外にも，(8，6)(5，10)(2，14)が見つかるから，全部で**4**組ある。

② ①で考えた4組のうち，a，bがどちらも8以下の整数となるのは，(a，b)＝(8，6)だけである。
よって，シュークリーム**8**個，ドーナツ**6**個を買うことができる。

4 (1)① A(4，4)は放物線$y＝ax^{2}$上の点だから，座標を代入して，$4＝a×4^{2}$より$a＝\frac{1}{4}$である。
② $－2$と4の絶対値は4の方が大きいから，yの最大値は$x＝4$のときの$\frac{1}{4}×4^{2}＝4$である。また，xの変域に

0を含むので，yの最小値は0となる。よって，yの変域は，$0 \leqq y \leqq 4$

(2)　【解き方】Bの座標からBFの長さと同じだけy座標を小さくした座標を求める。

Bは放物線$y = \frac{1}{4}x^2$上の点だから，Bのy座標は$\frac{1}{4} \times (-2)^2 = 1$より，B$(-2, 1)$である。BとFのy座標は等しいから，BF＝（BとFのx座標の差）＝$0 - (-2) = 2$となる。よって，Bの座標からy座標が2だけ小さい座標は$(-2, -1)$となるから，求める値は-1である。

(3)　【解き方】直線mが∠PAFの2等分線であることを利用するため，AF＝AGとなるようなGを，直線AP上でPより上の方にとる。このとき，△AGFは二等辺三角形だから，直線mとFGは垂直に交わる。

QB＋BF＝（QとBのy座標の差）＋（BとFのx座標の差）＝$(8-1)+2 = 9$であり，

AP＝（AとPのy座標の差）＝$8 - 4 = 4$だから，

AF＝QB＋BF－AP＝$9 - 4 = 5$となる。

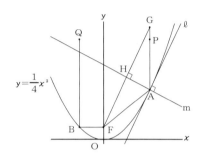

x座標が4であり，AG＝AF＝5となるようなGをとると，

Gのy座標は$4 + 5 = 9$だから，G$(4, 9)$となる。

右図で∠GHA＝90°だから，GF//ℓとなる。

直線GFの傾きは$\frac{(yの増加量)}{(xの増加量)} = \frac{(9-1)}{(4-0)} = 2$だから，直線ℓの式を

$y = 2x + p$とし，Aの座標を代入すると，$4 = 2 \times 4 + p$より

$p = -4$となる。よって，直線ℓの式は$y = 2x - 4$である。

5 (1)　BF//CPより，BFを底辺としたときの高さが等しいから，△BCF＝△BPFとなる。
また，（四角形ABCFの面積）＝△ABF＋△BCF＝△ABF＋△BPF＝△ABPとなる。

(2)　線分APの中点をQとすると，△ABQ＝$\frac{1}{2}$△ABP＝$\frac{1}{2}$（四角形ABCFの面積）となる。

(3)①　まず，問題文の仮定を図にかきこんで，証明のために必要な条件を探そう。条件が足りない場合は，問題の内容に応じて，図形の性質，平行線の　同位角・錯角，円周角の定理などからわかることもかきこんでみよう。

②　∠BFCと∠GCFのような位置関係の角は**錯角**である。

═══《2023　一般入学者選抜　英語　解説》═══════════════

1 A(1)「私の家族は犬を2匹飼っています。テツは白くてナナは黒いです。ナナはテツより大きいです」より，イが適当。　　(2)「父の誕生日は7月13日です」より，ウが適当。

B　【放送文の要約】参照。

【放送文の要約】

明日，私たちは3つの場所を訪れます。まず，湖に行きます。(あ)朝食（＝breakfast）を食べるのにうってつけのレストランがあるのです。次に大きな(い)公園（＝park）に行きます。そこから美しい山々が見えるので，とても人気がある場所です。それから，市場に行きます。たくさんの(う)りんご（＝apples）が買えます。朝8時にここに集合してください。

C(1)　質問「ジョンの母はどこで彼の腕時計を見つけましたか？」…A「お母さん，僕は腕時計を探しているよ。昨日机の上に置いたと思ったのにないんだ」→B「ジョン，本の下やソファーの上はチェックした？」→A「うん，したけど見つからなかったよ」→B「見て。見つけたわ。ベッドの下にあるわよ」の流れより，ア「ベッドの下」が適当。　　(2)　質問「エミリーは明日何をしますか？」…A「やあ，エミリー。うちの家族は明日，家で昼食にピザを作るよ。君も来れる？」→B「もちろんよ，ジロウ。あなたの家に行くね。作り方は知ってるの？私は作ったことが

ないよ」→A「心配ないよ。父が作り方を教えてくれるよ」→B「わあ。あなたのお父さんと一緒に作りたいな。それと，私は飲み物を持っていくね」の流れより，イ「ジロウの父と昼食を作る」が適当。

D　【放送文の要約】参照。

(2)　6語以上で書くこと。(例文の訳)「(はい，1つ質問があります。)図書館で勉強してもいいですか？」

【放送文の要約】

ここは学校の図書館です。月曜日から金曜日の午前9時から午後4時30分まで開いています。(1)ィ週末は休館です。(1)ゥ本は2週間借りることができます。(1)ァこの図書館には日本語で書かれた本はありません。クミ，この図書館についてもっと知りたいことがあれば，僕に聞いてください。

2 【本文の要約】参照。

(1)　直前のトシの発言より，4月15日と16日が週末だから，15日は土曜日(＝Saturday)である。

(2)　直後のトシの発言より，「一番長くてお寺に行くこともできる」コースだから，ウの「Course Ⅲ」が適当。

(3)　代名詞などの指示語は直前の名詞や文を指すことが多い。ここでは2文前のflowersを指す。

(4)　文末のlast month「先月」より，過去の出来事だから過去形のboughtが適当。

(5)　ア「ⅠのコースはⅡのコースよりも×長い」　イ「ベンは雨の日にサイクリングするのが×好きだ」　ウ「トシはニシ駅まで×バスで行く」　エ○「ベンとトシはニシ駅でサイクリングを始める」

【本文の要約】

トシ：日本ではサイクリングにいい季節は春だよ。サイクリングをするために今週末の4月の15日か16日にモリノ市まで行く予定だよ。一緒に行こうよ。

ベン：いいよ。行きたいけれど，雨の時に自転車に乗りたくないなあ。日曜日は雨らしいよ。4月15日の(あ)土曜日(＝Saturday)はどう？

トシ：いいよ。このウェブサイトを見て。モリノ市にはサイクリングコースが3つあるんだ。ニシ駅まで電車で行って，そこで自転車を有料で借りるよ。

ベン：(5)ェそれじゃあ，スタート地点はニシ駅だね。

トシ：うん。ゴール地点はヒガシ駅で，そこで自転車を返すんだ。さて，君はどのコースを選びたい？その市にいられるのは約2時間だと思う。

ベン：僕はアイスクリームが食べたいよ。でもこのコースはいちばん短いね。

トシ：じゃあ(い)ゥⅢのコースはどう？一番長くてお寺に行くこともできるよ。

ベン：もしこのコースにしたら，お寺に十分時間を費やすことができないよ。

トシ：じゃあこれはどう？モリノ市は花で有名だよ。とてもきれいだ。このコース沿いでは，(う)それら(＝flowers)の写真を撮ることができるよ。

ベン：いいね。このコースにしよう。僕は先月(え)買った(＝bought)カメラを持っていくよ。

3 語数の条件に注意する。　(1)　「これを送りたい」を英語にする。「(人)に(もの)を送る」＝send＋もの＋to＋人

(2)　「これを読んで喜ぶ」を英語にする。「～して喜ぶ」＝be動詞＋glad to＋動詞の原形　ここでは，助動詞willがあるから，be動詞の部分は原形(＝be)を使う。

4 【本文の要約】参照。

(1)　食べ物が約40％，ファッションが30％以上，スポーツが25％だから，アのグラフが適当。

(2)　・it is … for＋人＋to～「(人)にとって～するのは…だ」

(3)　会話の流れより，イ「テーマを変えるべきですね」が適当。ア「オーストラリアには日本のように四季があります」，ウ「リー先生は彼らの写真を見たことがあります」，エ「私たちの学校には制服があります」は不適当。

(4)　姉妹校の「スポーツデー」を説明した文。However, in our school...「しかし，私たちの学校では…」の前に入れる。

(5)　トモキとスズの最後のやり取りより，ウが適当。（スズが授業で書いたノートの訳）「今日私たちは短い動画のテーマを選びました。私たちは姉妹校の生徒たちに体育祭を紹介する予定です。(え)ウ彼らに独特なものを見せたいからです。踊りの演技をすばらしいものにするため，私は練習をがんばろうと思います」

【本文の要約】

リー先生：この間の授業で，みなさんに，オーストラリアの姉妹校の生徒のために短い動画を制作するようにお願いしました。この件について何かアイデアはありますか？

トモキ　：はい，もちろんあります。このグラフを見てください。これは，彼らが僕たちの町や学校について何を知りたいかを示しています。(1)ア約 40 パーセントの生徒が，食べ物に興味があります。この町のおいしい和食レストランについての動画を作りましょう。

スズ　　：いい考えですね。しかし，彼らにとって日本に来るのは難しいと思います。それに，動画で食べ物を見るだけで，実際食べることはできません。私だったら，悲しく思います。

カナコ　：それなら，違うテーマを選んだらどうでしょう？(1)ア同じグラフで，30 パーセント以上の生徒がファッションについて知りたがっています。私たちの学校では夏と冬で異なる制服を着ます。私は本当に彼らに制服を見せたいです。姉妹校には制服がないですよね？

トモキ　：待ってください。リー先生，本当ですか？僕たちは姉妹校の生徒に会ったことがありませんが，オーストラリアの学校はたいてい制服があると聞いています。

リー先生：4月にこの学校の先生が私に姉妹校で撮った写真を見せてくれました。その中では姉妹校の生徒たちは皆さんと同じように制服を着ていました。

スズ　　：それは困りました。(う)イテーマを変えるべきですね。

カナコ　：私はそうは思いません。彼らが制服を着ていても，彼らに私たちの制服を見せたいです。

スズ　　：うーん，この動画を見る生徒のことを考えてみてください。私たちが選んだテーマが彼らにとって独特なものでなければ，つまらないものになってしまいます。

カナコ　：なるほど。では体育祭はどうですか？

トモキ　：いいですね。(1)ア25 パーセントの生徒がスポーツに興味を持っています。それに，体育祭は来月なので，それについての動画を作るには最高の機会です。リー先生，姉妹校には僕たちの体育祭のような行事はありますか？

リー先生：いいえ，ありません。私たちの体育祭は独特なものなので，彼らは驚くと思います。姉妹校の先生が言うには，「スポーツデー」と呼ばれる行事があるそうです。アその日は，その行事に参加したい生徒だけが登校するそうです。しかしながら，私たちの学校では，どの生徒も体育祭に参加し音楽に合わせて踊ります。私は去年，みなさんのすばらしい踊りの演技を見ましたよ。初めてのことでした。本当にすばらしかったです。みなさんは今年もまた体育祭で踊りますか？

カナコ　：はい。昨日練習を始めました。

トモキ　：リー先生，大きな違いについて教えてくれてありがとうございます。(5)ウ彼らに僕たちの独特な行事を見せるのはどうですか？

スズ　　：(5)ウそうですね。それに関する動画を作りましょう。

5　【本文の要約】参照。

(1)　ア，ウ，エは第1段落にある内容。イは「ひとりで」の部分が当てはまらない。

(2)　① 直前の文から必要な箇所を読み取って答える。① want to express in their music を日本語にする。

②　the culture and history を日本語にする。

(3)　(う)は，叔母が様々な国出身の他の音楽家とコミュニケーションを取るために身に付けた能力だから，エ「4か国語を話す」が適当。(え)は，2文後に，音楽家同士がコミュニケーションを取れると音がハーモニーになると書かれているから，音楽が音に過ぎないのは「音楽家たちがお互いに理解できない」ときである。

(5)　同じ段落の3行目から open the door を抜き出して答える。

(6)　ア「アカリの叔母は日本に来ると×いつもアカリに会う」　イ○「アカリは叔母と一緒に大きな川の写真を見た」　ウ○「アカリの叔母は若いころ，自分の演奏には何かがもっと必要だと感じていた」　エ「アカリの叔母は先生の助言の意味を×理解していない」　オ「アカリは×ピアノを弾くことが特別になるための唯一の方法だと考えている」

【本文の要約】

　今日は，私が(1)ア叔母であるヤマオカフユミから学んだことを話したいと思います。叔母はプロのピアニストです。叔母は12歳の時，父親の仕事の都合で家族でドイツに住み始めました。今では(1)ウ叔母はコンサートのために世界中の多くの場所を訪れていて，4か国語を話すことができます。(1)エ叔母は多くの様々な国について多くのことを知っています。

　叔母は日本に来る時，時々両親と私のところに来てくれます。私はピアノが弾けませんが，叔母と話すのが好きです。ある日，一緒に叔母のCDを聞いていた時，叔母はその音楽と作曲家について話してくれました。「この作曲家は，大きな川の近くに住んでいたの。彼は何か悩みがあるといつもそれを眺めていたわ。彼の音楽は，その美しい川が自分の国の山々の間をどんなふうに流れていくかを表現しているの」(6)イ彼女はインターネットでその川の写真を何枚か見せて，彼の国についてもっと話してくれました。「作曲家が音楽で表現したいことを理解するために，私はその人の国の文化と歴史について学ぶのよ。私はピアノを弾くとき，このようにして作曲家とコミュニケーションをとるの」

　叔母はまた，オーケストラでピアノを弾くとき，音楽と言葉を通して，他の演奏家たちとコミュニケーションを取ります。音楽の同じイメージを共有するため，叔母は他の音楽家たちの音をよく聴き，彼らと音楽についてたくさん話をします。今では私は，叔母がなぜ(う)エ4か国語を話せるのかがわかります。さまざまな国出身のたくさん音楽家がいます。叔母は彼らとコミュニケーションをとるために彼らの言語を使おうと努力します。そうすることで叔母は彼らをより深く理解することができます。彼女はまた，私に音とハーモニーの違いについても話してくれました。同じオーケストラの音楽家たちが(え)エお互いを理解できない時，その音楽は音にすぎません。彼らは音楽に対して異なるイメージを持っています。しかしながら，ちゃんとコミュニケーションがとれていると，異なる音が集まってひとつの美しいハーモニーになるのです。

　叔母は自分の演奏を素晴らしいものにするためにいくらか時間が必要でした。(6)ウ若いころ叔母は毎日ピアノを一生懸命練習しました。技術は向上しましたが，自分の演奏には何かが欠けていると感じていました。(お)ウその時，先生のひとりが「もっと他の人の音楽を聴くといいですよ」と叔母に言いました。(お)ア最初，叔母はその助言の意味がわからず，その先生に意味を質問しました。(お)イしかしながら，先生はその質問に答えてくれませんでした。先生は，叔母に自分でその意味をわかってほしいと思ったのです。叔母はこう言っていました。「私は助言の意味についてよく考えたわ。今では私は，他の人の音楽を聴くとは，作曲家および他の音楽家たちとコミュニケーションを取ることを意味して

いるとわかったの。それは，私の演奏と私自身が向上するのに役立っているわ。私は，ピアノがない人生なんて想像できないわ。ピアノは私の人生を幸せで満たしてくれるのよ」

　私は，なぜ叔母の演奏が美しいのかがわかりました。叔母のピアノは彼女の生き方を表現しています。音楽を通して，叔母は多くのことに興味を持ち，他の人とうまくコミュニケーションを取っています。彼女は多くの素晴らしい物事や素晴らしい人々と出会うための(か)ドアを開ける方法を見つけたのです。その方法とは，ピアノを弾くことでした。おそらくみなさんは「彼女はプロのピアニストだから特別なのだ」と思っているかもしれません。しかし私はそうは思いません。私たちはみな，自分たちの方法で新しい世界への (か)ドアを開ける ことができるのです。私たちも叔母のように何かを見つけることができると，私は信じています。

══《2023　一般入学者選抜　理科　解説》══

1 (1)　アミノ酸が分解されたときに生じるアンモニアは肝臓で害の少ない尿素に変えられて，腎臓でこし出されて尿として排出される。

(2)①　光源を焦点距離の2倍の位置に置くと，反対側の焦点距離の2倍の位置のスクリーンに実像ができる。この位置から物体を凸レンズに近づけると，実像の位置は凸レンズから遠ざかり，実像の大きさは大きくなる。

②　図2のように，焦点を通る光が凸レンズで屈折すると，光軸に平行に進む。

(3)①　表より，15分後に水の温度が100℃になるまでは，水を加熱した時間と水の温度は比例の関係にある。

②　水の温度が100℃で一定になっているので，水が沸騰し，水から水蒸気に変化している。同様に水が沸騰しているウが正答となる。　ア×…コップの表面付近の空気が冷やされて露点に達し，水蒸気が水滴に変化する現象である。　イ×…冷水は温水よりも密度が大きいために起こる現象である。　エ×…汁椀の中の空気が冷えて圧力が小さくなることで起こる現象である。

(4)①　冬に形成される気団はXのシベリア気団である。なお，Yはオホーツク海気団，Zは小笠原気団である。

②　冬には，シベリア高気圧が発達し，日本の西に高気圧，東に低気圧がある西高東低の気圧配置になりやすい。また，シベリア高気圧から吹き出す北西の季節風が日本海で湿気を含み，日本の中央部の山脈などにぶつかって日本海側に大雪をもたらす。

2 (1)　電流計は測定したい部分に直列に，電圧計は並列に接続する。

(2)　〔電力（W）＝電圧（V）×電流（A）〕より，1.5×0.10＝0.15（W）となる。

(3)　〔仕事（J）＝力の大きさ（N）×力の向きに動いた距離（m）〕より，モーターがした仕事は0.50×1.0＝0.5（J）となる。また，(2)と〔電気エネルギー（J）＝電力（W）×時間（s）〕より，電気エネルギーは0.15×10＝1.5（J）となるので，式より，$\frac{0.5}{1.5}×100＝33.3…→33\%$となる。

(4)　図ⅰのように右手を使ってコイルの磁界の向きを求めることができる。アとウはコイルの上がN極，下がS極になり，イとエはコイルの上がS極，下がN極になる。同じ極は反発しあい，異なる極は引きあうから，アとエは反時計まわり，イとウは時計まわりになる。

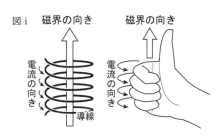

図ⅰ

(6)①　〔熱量（J）＝電力（W）×時間（s）〕より，300秒電圧を加えたときの熱量は3×300＝900（J）となる。このとき，100gの水の温度が2℃上がるので，水1.0gの温度を1℃上げるのに必要な熱量は900÷100÷2＝4.5（J）となる。　②　電気

エネルギーから変換された熱エネルギーは，すべて水の温度上昇に使われるわけではなく，一部は空気中に出ていく。実際に水 1.0 g の温度を 1 ℃上げるのに必要な熱量は 4.2 J である。

3 (2) れき（直径 2 mm 以上），砂（直径 0.06 mm ～ 2 mm），泥（直径 0.06 mm 以下）は粒の大きさで区別する。これらの粒は，岩石が流水によって運ばれてくる間に小さくなり，角がとれて丸みを帯びてできる。

(3) 化学反応式をかくときは，矢印の左右で原子の種類と数が等しくなるように係数をつける。矢印の右側に Cl と H が 2 個ずつあるので，矢印の左側の□には 2HCl が入る。また，矢印の左側に C が 1 個，O が 3 個，矢印の右側に O が 1 個あるので，矢印の右側の□には CO_2 が入る。

(5) 短い期間で広い範囲に生息した生物の化石が地層ができた年代を特定する示準化石となりえる。よって，時代が特定できて，分布地域が広いアが正答となる。

(6) (2)解説より，B 層から D 層ができた期間は，地層が新しくなるにつれて粒が大きくなっていることがわかる。粒の大きさが大きいものほど河口に近いところに堆積して層をつくるので，この期間は河口から遠い深い海から，河口に近い浅い海に変化したと考えられる。

(7) エ×…地層が波打つように曲げられるとしゅう曲が，ずれると断層ができる。

4 (2) 顕微鏡では上下左右が反対に見えるので，左上に見えるものを視野の中央に移動させるときは，プレパラートを左上に動かす。

(3) デンプンの有無を調べるヨウ素液を用いる。ＢＴＢ溶液は加える水溶液が酸性で黄色，中性で緑色，アルカリ性で青色を示す溶液，酢酸オルセイン溶液は核を染色して観察しやすくする溶液，ベネジクト液はデンプンが分解されてできた糖に加えて加熱すると赤褐色の沈殿ができる溶液である。

(4)① (a)表 1 で Y が石灰水によって白く濁ったことから，微生物によってデンプンが分解され二酸化炭素が発生したことがわかる。 (b)(c)微生物は，呼吸によって酸素をとり込み，有機物を分解していると考えられる。

5 (1) 表より，硫酸銅水溶液中に亜鉛やマグネシウムを入れると，銅付着することがわかる。これは，亜鉛やマグネシウムの原子が電子を失って亜鉛イオン〔Zn^{2+}〕やマグネシウムイオン〔Mg^{2+}〕になり，かわりに銅イオン〔Cu^{2+}〕が電子を受け取って銅原子になって金属表面に付着したからである。これらのことから，銅よりも，亜鉛やマグネシウムの方が陽イオンになりやすいことがわかる。同様に考えて，硫酸亜鉛水溶液にマグネシウムを入れると，亜鉛原子が金属表面に付着したので，マグネシウムは亜鉛よりも陽イオンになりやすいことがわかる。以上より，陽イオンになりやすい順にマグネシウム＞亜鉛＞銅となる。

(2) 亜鉛が電子を失って陽イオン〔Zn^{2+}〕になり，その電子は亜鉛板から銅板へ移動する。電子が移動する向きと電流が流れる向きは反対だから，電流は銅板から亜鉛板へ流れる。よって，銅板は＋極になる。

(3) 亜鉛板では亜鉛が陽イオンに変化し，銅板では水素イオン〔H^+〕が電子を受け取って水素が発生するので，金属イオンの数は増加する。

(4) 図 3 のような装置をダニエル電池という。銅板の表面で銅イオンが電子を受け取って銅原子となる〔$Cu^{2+}+2e^-$ →Cu〕。よって，アが正答となる。

(5) プロペラを回転させ続けると，硫酸亜鉛水溶液中では亜鉛イオンが増加し，硫酸銅水溶液中では銅イオンが減少することで電気的な偏りが大きくなっていき，やがて電流が流れなくなる。セロハン膜を通してイオンが移動することでこの偏りを小さくすることができるが，エのように硫酸銅水溶液の濃度を大きくすれば，さらにこの偏りが大きくなるのを遅らせることができる。

(6) C はマグネシウム板を硫酸亜鉛水溶液に入れているので，亜鉛よりも陽イオンになりやすいマグネシウムが放出

した電子を亜鉛イオンが受け取って，亜鉛原子となってマグネシウム板の表面に付着する。よって，Dに比べて銅板側に電子が移動しにくくなって，電圧が小さくなる。

━《2023 一般入学者選抜 社会 解説》━━━━━━━━━━━━━━━━━━━━━━━━━━━━

1 (1) 渡来人 渡来人は，土木工事や金属加工の技術，絹織物や須恵器の製法など，大陸のすぐれた文化を伝えた。

(2) ウ 朝廷には，天皇のもとで政治の方針を決める太政官，祭りや神社の仕事を行う神祇官，政治のさまざまな実務を分担する八省などの役所が置かれた。また，地方には国司・郡司が置かれた。国司には中央の貴族が任命され，都から交代で派遣され，郡司にはその地方の豪族が任命され，国司の監督の下で民衆を支配した。

(3) エ 明の皇帝から「日本国王」と認められた足利義満は，倭寇の取り締まりを条件に，朝貢形式での貿易を許された。その際，正式な貿易船と倭寇を区別するために勘合と呼ばれる合い札を利用したため，日明貿易は勘合貿易とも呼ばれる。

(4) ア イは江戸時代，ウは室町時代，エは鎌倉時代の文化について述べた文である。

(5) キリスト教の禁止を徹底するため，絵踏みや宗門改めが行われた。

(6) P…異国船打払令 Q…清がイギリスに敗北した 資料3は，高野長英の『戊戌夢物語』の一部である。高野長英は，モリソン号事件に関して『戊戌夢物語』で異国船打払令を批判し，渡辺崋山らとともに処罰された。これを蛮社の獄と呼ぶ。その後，アヘン戦争で東アジアの大国である清がイギリスに敗北したことを知った江戸幕府は，異国船打払令を薪水給与令に改め，風説書を提出するオランダには，海外のより詳しい情報を求めるようになった。

2 (1) ウ 地点Aからの方位は，図2から読み取る。図1のア～ウの地点を図2にかきこむと右図のようになるから，地点Aから見て東にあたる地点はウになる。アとイは北東にあたる。

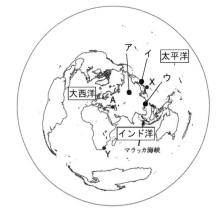

(2) 白夜 白夜のおきる地域では，冬になると一日中太陽が昇らない極夜がおきる。

(3) インド洋 三大洋の位置は右図を参照。

(4) ウ 日本と形が似た島国であるニュージーランドは，日本と同様に，国土面積に対する領海と排他的経済水域を合わせた面積比は大きくなる。アはアメリカ合衆国，イはインドネシア，エはブラジル。また，(領海と排他的経済水域を合わせた面積)÷(面積比)で国土面積を求めても判断できる。762÷0.77≒990，541÷2.83≒191，483÷18.02≒26.8，317÷0.37≒857より，国土面積の最も小さいウを選ぶ。

(5) レモンやグレープフルーツは，冬から春にかけて旬を迎えるので，北半球のアメリカ合衆国産は11月～7月，南半球のオーストラリア産は7月～2月あたりに出回る。

3 (1) 富岡製糸場 お雇い外国人のフランス人ブリューナが，富岡に製糸場を建設することを決め，フランス製の機械を導入することになった。

(2)① イ 下関条約は日清戦争の講和条約。藩閥は，薩摩・長州・土佐・肥前の各藩出身の明治政府の要人が結成した派閥。 ② 民鉄の国有化 資料2から，1905年以降民鉄の貨物輸送トン数が減り，その分国鉄の貨物輸送トン数が増えていることが読み取れるので，民鉄を国有化したことが考えられる。

(3) イ 大正時代は1912年から1926年の間であり，ラジオ放送が初めて行われたのは1925年のことであった。

アとウは明治時代，エは昭和時代。

(4)　ウ→ア→イ→エ　　ウ(1949年)→ア(1955年)→イ(1978年)→エ(発足1993年・ユーロ導入1999年)

(5)　自動車で行われている貨物輸送を，環境負荷の少ない船舶輸送や鉄道輸送に転換することをモーダルシフトという。

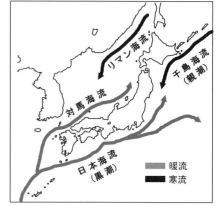

4　(1)　黒潮〔別解〕日本海流　　日本沿海の海流は右図を参照。

(2)　エ　　フィヨルド…氷河に削られてできた谷の部分に海水が入り込んでできた複雑な入り江。海溝…水深6000m以上の溝状になった海底。海洋プレートが沈み込むところにできる。トラフ…溝状になった海底地形のうち，海溝ほど深くないもの。

(3)　都市名…宮崎／台風　　Xは那覇市である。夏の季節風は南東から吹くため，九州山地の南側に雨をもたらすから，Yには宮崎市があてはまる。雨温図は，Aが宮崎市，Bが福岡市，Cが那覇市である。

(4)　イ　　鹿児島県の農業産出額は，北海道に次いで多く，特に肉用牛・豚の産出額は全国1位である。アは佐賀県，ウは熊本県，エは宮崎県。

(5)　(人口割合)÷(面積割合)の値は，福岡市が約4.6，北九州市が約1.8，久留米市が約1.3，飯塚市が約0.6，大牟田市が約1.3であり，明らかに福岡市の値が高いことがわかる。(人口割合)÷(面積割合)の値は，面積に対する人口の値を示すので，人口密度と同じ意味をもつ。

5　(1)　エ　　UNESCOは国連教育科学文化機関，NPOは非営利組織，WHOは世界保健機関の略称。

(2)　公共の福祉　　公共の福祉は，社会全体の利益を意味する。

(3)　ウ　　京都議定書では，発展途上国に温室効果ガスの排出量の削減を義務づけなかった。

(4)　東南アジア諸国連合　　ASEAN(アセアン)でもよい。5か国で始まった東南アジア諸国連合には，現在10か国が加盟している。

(5)①　衆議院は参議院に比べて任期が短く解散もあるので，民意が反映しやすいとされ，さまざまな面において，参議院より優越する事項がある。　　②　ア　　弾劾裁判所は国会内に常設される。弾劾裁判は，訴追委員会から訴えられた裁判官を辞めさせるかどうかを審理するもので，裁判員も訴追委員も衆議院議員と参議院議員から選ばれる。

(6)　ウ　　X．誤り。地方消費税・市町村たばこ税・入湯税などは，間接税の地方税にあたる。Y．正しい。

(7)　石油・天然ガス・石炭などの化石燃料は，限りのあるエネルギーである上に，燃焼時に温室効果ガスを発生するため，無駄遣いがないように使いたい。しかし，日本では，火力発電の割合が高く，特に石炭火力の割合が他の先進国に比べて高いことが問題となっている。

═══《2023　特別入学者選抜　国語　解答例》═══════════

1　(1)①いせき　②あかつき　③保管　④舌　(2)イ　(3)エ　(4)おっしゃる　(5)①エ　②ア　③ア　④ウ

2　(1)秋　(2)おもい　(3)①伝統的な素材　②イ　(4)ウ

3　(1)X．たくさんの色彩　Y．うそっぽい　(2)エ　(3)ア　(4)感情を爆発させる鈴音の姿をそのまま描こう

　　(5)A．イ　B．オ　(6)イ

4　(1)イ　(2)ア　(3)すでに実践されたことのある　(4)ウ　(5)常識にとらわれないで挑戦する

═══《2023　特別入学者選抜　数学　解答例》═══════════

1　(1)11　(2)$-\dfrac{3}{2}$　(3)$4ab$　(4)$2\sqrt{6}$　(5)$(x+7)(x-7)$　(6)$\dfrac{3\pm\sqrt{5}}{2}$

2　(1)ウ　(2)ウ　(3)ア，エ　(4)$\dfrac{2}{9}$　(5)右図

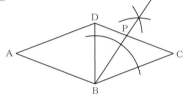

3　I．(1)2　(2)イ　　II．(1)エ　(2)$(-1,3)$　(3)①ウ　②$\dfrac{9}{4}\pi$

4　(1)(あ)5　(い)3　(2)①エ　②記録が31秒以上34秒未満の階級の累

　　積相対度数をそれぞれ求めると，A地区は$\dfrac{6}{20}=0.30$　B地区は$\dfrac{15}{60}=0.25$

　　となり，A地区の値の方が大きいから。

5　(1)ア　(2)$(2m+1)+(2n+1)=2m+2n+2=2(m+n+1)$　$m+n+1$は整数だから，$2(m+n+1)$

　　は偶数である。　　(3)イ

6　(1)(あ)イ　(い)カ　(2)①45　②$2\sqrt{10}$　③$2\sqrt{5}$　④$32:3$

═══《2023　特別入学者選抜　英語　解答例》═══════════

1　A．(1)エ　(2)ア　(3)ウ　　B．(1)エ　(2)ウ　　C．(1)エ　(2)イ　(3)wash my face

2　(1)(あ)エ　(い)ア　(2)(う)animal　(え)dream　(3)①to make　②was built　(4)(お)who　(か)fan

　　(5)for inviting me to　(6)talked with her in English

3　A．(1)ウ　(2)エ　　B．(1)イ　(2)clean　(3)ア

4　(1)ウ　(2)October　(3)エ　(4)イ

5　(1)ウ　(2)容易に演奏する　(3)エ　(4)ア　(5)イ　(6)ア，オ

── 《2023 特別入学者選抜 国語 解説》 ──

1 (2) イの「大きな」は、活用せず、体言(名詞)を修飾しているので連体詞。他は、形容動詞(「だろ/だっ・で・に/だ/な/なら/○」と活用する)の連体形。

(3) 後に「〜だろう」という推量の表現があるので、エの「きっと」が適する。

(5)② 「自転車で」という言葉の単位は、アの「文節」。「自転車」という体言(自立語)と、格助詞の「で」(付属語)で構成されている。文節は、文を、意味のわかる範囲でくぎった場合の最も小さいひとくぎりの言葉。一つの文節に自立語は一つだけで、文節の先頭は必ず自立語になる。付属語は、単独で一文節になることはできない。

③ 「自転車で図書館に出かけた弟」がひとまとまりになるように、アに読点を打つ。 ④ 伸一の最初の発言は、亜紀が指摘した問題点を明確にしていると言える。また、伸一の二度目の発言は、健太の問いかけを受けて、修正の方針を打ち出したと言える。よって、ウが適する。

2 (1) 「月」は秋の季語。

(2) 古文で言葉の先頭にない「はひふへほ」は「わいうえお」に直すので、「おもひ」は「おもい」。

(3)① ──線ⓒのある段落で、酒堂の考えについて「猿と月という取り合わせ、あるいは名月をながめる猿という組み合わせは〜<u>伝統的な素材</u>です。酒堂は去来の句がそういう伝統を踏まえてよまれたものだと理解し〜『月の猿』と言った方がいいのではないかという意見を述べた」と説明している。 ② Y.芭蕉から「この句でどういう光景を表現しようとしたのか」と聞かれて、去来は「中秋の名月に誘われて山野を歩いていると、岩の突端に、やはり月をめでている<u>風流人</u>がいた、それで嬉しくなって作った」と答えている。 Z.去来の考えを聞いて、芭蕉は「『月の客』というのは、<u>自分自身</u>のことなのだ」と言っている。ここでの「自分自身」とは、この句の作者である去来を指す。 よって、イが適する。

(4) ──線ⓓの直前の「このこと」は、直前の段落の「作者の意図が作品のすべてではないということ〜作者をも納得させてしまう〜解釈を提示することは可能であるし〜作者自身が納得し受け容れる場合もある、ということ」を指す。──線ⓓの直後で「作者の意図は絶対ではない〜(作者の)意図を超えた読みは追求可能だし、そこにこそ文学作品の豊かな解釈は存している、という可能性を教えてくれているからです」と理由を述べている。ここから、ウのような理由が読みとれる。

【引用された『去来抄』の内容】

> 岩の突端に、もう一人、月をめでている風流人がいるなあ　去来
>
> 亡き師匠(芭蕉)が上京なさった時、(私)去来が「酒堂は、この句は(『月の客』ではなく)『月の猿』にしたほうがよいと申しましたが、私は『月の客』のほうがよいだろうと申しました。いかがでしょうか」と言った。師匠は「(月の)猿とは何事だ。お前は、この句をどのように思って作ったのか」と言われた。(私)去来は「中秋の名月に誘われて山野を句を案じながら歩いておりましたところ、岩の突端にもう一人、月をめでている風流人を見つけたのです」と申し上げた。師匠がおっしゃるには「『ここにもひとり月の客(月をめでる者)がいますよ』と、(月に向かって)自分を名乗り出たという解釈のほうが、どれほど風流であろう。ひとえに自分のことを詠んだ句とするべきだ。この句は私も非常にすぐれていると思って、『笈の小文』に書き入れたのだ」ということだった。私の趣向は、(師匠のそれよりも)やはり二段階も三段階も劣っているでしょう。師匠の考えで(この句を)見ると、少し風狂の人(風雅を強く求める人)という感じもあるのだろうか。(中略)

3 著作権上の都合により文章を掲載しておりませんので、解説も掲載しておりません。ご不便をおかけし、誠に申し訳ございません。

4 (1) 第4段落で「AIは〜何万という棋譜のデータを参考にしながら、棋士のはるか先まで瞬時に指し手(正解)を計算している〜そのような『蓄積されたデータ数と計算速度』を競わなければならないとしたら、人間が将棋でAIに勝つのはほぼ不可能と言えるでしょう」と述べていることに、イが適する。

(3) AIがどのように最適解を導き出すのかを読みとる。それは、人間が「まったく新しい方法」を生み出すのと対照的な方法である。このことについて、 ⓑ の1〜2行後で「AIが超高速で求めることができるのは〜『勝つためにすでに実践されたことのある『解』への最短距離』であって、決して『誰もがまだ成し遂げたことのない(=まったく新しい)創造的(クリエイティブ)な偉業』ではないのです」と、対比的に述べられている。

(4) ──線④の直前で「論理的に〝成功する確率が高められる方法〟を求めているだけでは、創造的思考を身につけることなどできません。創造的思考へのアプローチは『おもしろそう!』『楽しそう!』という素直な気持ちに従うことから始まるのです」と述べたことの成功例として取り上げている。「論理的思考に従えば『ピッチングに専念〜』か『バッティングだけに集中〜』のいずれかを選ぶ方が、『ピッチングにもバッティングにも全力を尽くしてチャレンジする』という茨の道を選ぶよりも、成功する可能性が高くなる〜しかし〜あえて『成功する可能性の高い選択肢』を選びませんでした〜自分が『やりたい!』と思ったこと、『なりたい!』と願った姿を目指して、決断し、挑戦した」ことで、素晴らしい活躍ができたという例である。この例の後で、再び「常識では無謀とも考えられた挑戦に〜駆り立てたものは、純粋に『おもしろそう!』『楽しそう!』という想いであり、その想いこそが最も大きな原動力になったのだろう」と述べている。ここから、ウのような役割だと言える。

(5) ＿＿＿の直前の「興味・関心を原動力として決断し」は、文章中で「『おもしろそう!』『楽しそう!』という素直な気持ちに従う」「純粋に『おもしろそう!』『楽しそう!』という想い〜こそが最も大きな原動力」と述べたことにあたる。「『おもしろそう!』『楽しそう!』」が原動力となり、どうすることによって、クリエイティブな生き方ができるのか。「クリエイティブな生き方」を実践している大谷選手について「自分が『やりたい!』と思ったこと、『なりたい!』と願った姿を目指して、決断し、挑戦した〜かつては『常識はずれ』や『無謀』などと揶揄され、誰も成功するとは想像すらできなかった大谷選手のチャレンジ」と書かれていることに着目する。ここから、「常識にとらわれないで挑戦する」といった内容が＿＿＿にあてはまると考えられる。

━━ 《2023 特別入学者選抜 数学 解説》 ━━━━━━━━

1 (3) 与式 $= 6ab^3 \times 2a \times \dfrac{1}{3ab^2} = 4ab$

(4) 与式 $= 3\sqrt{6} - \sqrt{6} = 2\sqrt{6}$

(5) 与式 $= x^2 - 7^2 = (x+7)(x-7)$

(6) 2次方程式の解の公式より、$x = \dfrac{-(-3) \pm \sqrt{(-3)^2 - 4 \times 1 \times 1}}{2 \times 1} = \dfrac{3 \pm \sqrt{5}}{2}$

2 (1) 1割引きの金額はもとの金額の $1 - \dfrac{1}{10} = \dfrac{9}{10}$(倍)である。よって、a円の1割引きは $\dfrac{9}{10}a$ 円となる。

(2) 組み立ててできる立方体は右図のようになるので、面Xと平行な面はウである。

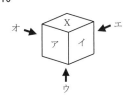

(3) 放物線の式 $y = ax^2$ において、$x > 0$ の範囲で x の値が増加するとき、y の値も増加するのは、$a > 0$ となる場合だから、「ア $y = 2x^2$」があてはまる。
反比例の式 $y = \dfrac{a}{x}$ において、$x > 0$ の範囲で x の値が増加するとき、y の値も増加するのは $a < 0$ となる場合だから、「エ $y = -\dfrac{2}{x}$」があてはまる。よって、適切なものはア、エである。

⑷ **【解き方】**さいころを２つ使う問題では，右のような表にまとめて考えるとよい。

大小２つのさいころの目の出方は全部で $6 \times 6 = 36$ (通り)ある。そのうち条件

にあう出方は表の○印の８通りだから，求める確率は，$\dfrac{8}{36} = \dfrac{2}{9}$

⑸ $\angle DBC = 140° \div 2 = 70°$ であり，$70° \div 2 = 35°$ だから，Pは$\angle DBC$の

二等分線とCDの交点である。

2個のさいころの目の積

		小					
		1	2	3	4	5	6
大	1	1	2	3	4	5	6
	2	2	4	6	8	10	12
	3	3	6	9	12	15	18
	4	4	8	12	16	⑳	㉔
	5	5	10	15	⑳	㉕	㉚
	6	6	12	18	㉔	㉚	㊱

3 Ⅰ⑴ １次関数では変化の割合が一定である。xが１から３まで増加するときと，

５から７まで増加するときのxの増加量はともに２で等しいので，yの増加量はともに

$10 - 6 = 4$になる。よって，求める値は$-2 + 4 = 2$

⑵ １次関数の直線の傾きは変化の割合に等しい。よって，直線の傾きは$\dfrac{4}{2} = 2$だから，グラフは右上がりの直

線である。$x = 1$のときyの値が-2で負になっているから，xが減少して０になるとyの値はより減少して負のま

まである。よって，y軸との交点のy座標(切片)は負だから，最も適当なグラフは**イ**である。

Ⅱ⑴ 直線mはyの値に関わらず常にxの値が-1となる直線だから，$x = -1$である。

⑵ 直線の式$y = -2x + 1$に$x = -1$を代入して整理すると，$y = 3$となる。よって，B$(-1,\ 3)$

⑶① △ABCを，直線mを軸に１回転させてできる立体は，底面の円の半径がACで

高さがABの円すいである。よって，見取り図として適当なものは**ウ**である。

② Cのx座標は$y = -2x + 1$に$y = 0$を代入して解くと，$x = \dfrac{1}{2}$となる。

よって，求める体積は，$\dfrac{1}{3} \times$(AとCのx座標の差)$^2 \pi \times$(AとBのy座標の差)$=$

$\dfrac{1}{3} \times \left\{\dfrac{1}{2} - (-1)\right\}^2 \pi \times 3 = \dfrac{9}{4}\pi$ (cm^3)である。

4 ⑴ 桃子さんの記録は33.8秒だから，30秒以上35秒未満の階級に含まれる。

よって，この階級の度数は**5**人である。また図２の階級の幅は$28 - 25 = 3$ (秒)である。

⑵① ア．度数分布表から記録の範囲を求めることはできないので，正しいとはいえない。

イ．どちらの地区も記録の最頻値が含まれる階級は，34秒以上37秒未満の階級だから，最頻値は等しい。

よって，正しくない。

ウ．度数分布表から最小値を求めることはできない。よって，正しいとはいえない。

エ．A地区の中央値は，$20 \div 2 = 10$より，大きさ順に10番目と11番目の平均である。31秒以上34秒未満の累積

度数は$1 + 3 + 2 = 6$ (人)，34秒以上37秒未満の累積度数は$6 + 6 = 12$ (人)だから，中央値は34秒以上37秒未

満の階級に含まれる。B地区の中央値は，$60 \div 2 = 30$より，大きさ順に30番目と31番目の平均である。31秒以

上34秒未満の累積度数は$1 + 9 + 5 = 15$ (人)，34秒以上37秒未満の累積度数は$15 + 19 = 34$ (人)だから，中央値

は34秒以上37秒未満の階級に含まれる。よって，中央値が同じ階級に入っているので，正しい。

以上より，必ず正しいといえるものは**エ**である。

② 累積相対度数はその階級以下のすべての階級の度数が全体に対して占める割合だから，この値が大きいほど

県大会へ出場できる人数の割合が大きいと考えられる。

5 (1) **偶数**と偶数，**奇数**と奇数の和は偶数になる。和が奇数になるのは，**一方が奇数でもう一方が偶数**の場合である。

(2) 奇数と奇数の和を，2×(整数)の形で表すことができれば，奇数と奇数の和は偶数になると説明できる。

(3) 【解き方】隣り合っている2つの□，または2つの■のすぐ下は，■ではなく□になる。ア～エの図の中で，この決まりに合わない箇所がないか探す。

ア，ウ，エは右図の丸で囲んだところがおかしい。

よって，適当なものは**イ**である。

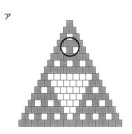 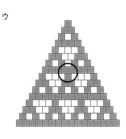 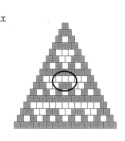

6 (1) 証明の穴埋め問題では，すでに書かれていることがヒントになるのでそれをよく読んで，論理的な説明になるように空欄を埋めていこう。答えがすぐにわからない場合は，仮定を図にかきこみ，問題の内容に応じて，図形の性質，平行線の同位角・錯角，円周角の定理などからわかることも図にかきこんで，答えを考えよう。

(2)① AH＝CH＝6cm，∠AHC＝90°だから，△AHCは直角二等辺三角形である。よって，∠ACH＝**45°**

② BH＝8－6＝2(cm)より，△ABHにおいて，三平方の定理より，AB＝$\sqrt{6^2+2^2}$＝$2\sqrt{10}$(cm)である。

③ 【解き方】△ABHと△ADCの相似比を利用する。

AC＝$\sqrt{2}$AH＝$6\sqrt{2}$(cm)だから，△ABHと△ADCの相似比は，AH：AC＝6：$6\sqrt{2}$＝1：$\sqrt{2}$

よって，AD＝$\sqrt{2}$AB＝$\sqrt{2}×2\sqrt{10}$＝$4\sqrt{5}$(cm)　　よって，円Oの半径は$\frac{1}{2}$AD＝$2\sqrt{5}$(cm)

④ 【解き方】ADが直径だから∠ABD＝90°で，∠ADB＝∠ACB＝45°なので，△ABDは直角二等辺三角形である。したがって，∠BCD＝∠BAD＝45°だから，右のように作図すると△CFDも直角二等辺三角形となる。△CEDと四角形ABDCの面積を実際に求める。

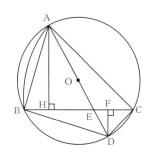

③より，CD＝$\sqrt{2}$BH＝$2\sqrt{2}$(cm)だから，CF＝DF＝$\frac{1}{\sqrt{2}}$CD＝2(cm)

HF＝6－2＝4(cm)

△AHE∽△DFEだから，HE：FE＝AH：DF＝6：2＝3：1

FE＝HF×$\frac{1}{3+1}$＝4×$\frac{1}{4}$＝1(cm)だから，CE＝2＋1＝3(cm)

△CED＝$\frac{1}{2}$×CE×DF＝$\frac{1}{2}$×3×2＝3(cm²)

(四角形ABDCの面積)＝△ABC＋△DBC＝$\frac{1}{2}$×8×6＋$\frac{1}{2}$×8×2＝32(cm²)

よって，四角形ABDCと△CEDの面積比は，32：3である。

――《2023　特別入学者選抜　英語　解説》――

1 問題A(1) 「私は机の下に鉛筆を見つけました」より，エが適当。　　(2) 「手の温かさを保つために着けることができます」より，アが適当。　　(3) 「今日は木曜日です。昨日は本を何冊か買うために本屋へ行きました」より，ウが適当。

問題B(1)　A「明日の予定は？」→B「兄（弟）と映画に行くつもりだ」の流れより，エ「それはいいね」が適当。

(2)　A「今日は暑いね，喉が渇いたよ」→B「私も。何か冷たい飲みものが欲しいな」の流れより，ウ「じゃあ，ジュースでも買おう」が適当。

問題C　【放送文の要約】参照。　　(2)　イは本文にない内容。　　　(3)　3語以上という条件を守ること。（例文の訳）「私は顔を洗う（＝wash my face）ことができます」

【放送文の要約】

私はみなさんに3つのことをしてほしいです。1つ目は，夜はしっかりと(1)(あ)ェ睡眠をとってください。私はふだん，(1)(い)ェ夜10時から朝6時まで（＝8時間）睡眠をとります。一生懸命練習するには，夜，十分に眠ることが大切です。2つ目は，チームの仲間と頻繁にコミュニケーションをとるようにしてください。そうすることによって，仲間全員がチームとして，うまくやっていけます。また，仲間が考えていることを理解することもできます。3つ目は，良い朝で1日を始めてください。例えば，窓を開けて新鮮な空気を入れれば，気分が良くなります。良い1日を始めるために，朝に，他に何をすることができるでしょうか？

2　(1)(あ)　原先生の発言「あなたは何について発表しますか？」→Ryo の発言の such as carrots and onions「ニンジンやタマネギのような」より，ェ vegetables「野菜」が適当。　　　　(い)　Mina の発言「Darsha は交流会の日にどのくらい（の時間）私たちと一緒にいる予定ですか？」→ア For an hour.「1時間」が適当。

(2)(う)　日本語のメモの「動物」＝animal が適当。　　　(え)　日本語のメモ「将来の夢」より，dream が適当。

(3)①「もし折り鶴が気に入ったなら，折り紙博物館を訪れるべきです。そこでそれらの作り方（＝how to make them）を学ぶことができます」という英文にする。　　・how to ～「～する方法」　　②「モミジ橋は美しいです。その橋は約100年前に造られました（＝was built）」という受け身〈be動詞＋過去分詞〉の英文にする。

(4)(お)　Mina「この写真で，あなたは幼い女の子を抱いていますね。Darsha，この女の子は(お)誰（＝who）ですか？」→Darsha「ああ，彼女は私の姉の娘です」の流れ。　　　(か)　Ryo「僕はこの歌手がとても好きです」→Darsha「本当？私も彼女の(か)大ファン（＝big fan）です」の流れ。

(5)　Thank you for inviting me to the exchange meeting today.：「今日は交流会に私を招いてくださってありがとうございます」　　・Thank you for ～ing「～してくれてありがとう」

(6)　「英語で彼女と話した（＝I talked with her in English.）」という英文を作ればよい。　　「（人）と話す」＝talk with＋人　　「英語で」＝in English

3　問題A　【本文の要約】参照。

(1)　ウ「花火をしている」は当てはまらない。

(2)　ェ「ホタルを見に川へ行く」が適当。ア「川のそばで昼食をとる」，ウ「川でたくさん魚を捕まえる」は実現したこと。イ「花を見に川沿いを歩く」は本文にない内容。

【本文の要約】

僕は昨日父とモミジ川に行きました。まず，僕たちは昼食をとりました。昼食後，野生の鳥を観察しました。鳥は川を泳いでいました。それから僕たちは釣りを楽しみました。たくさん魚が釣れました。夕方，夕飯にその魚を料理しました。(2)ェ僕たちはホタルを見たかったので，川に沿って歩きました。やがて雨が降り始め，僕たちは車に走って戻りました。(2)ェホタルを全然見られなくて悲しかったので，もう1度やってみたいです。(2)ェ次回は見られるといいなと思っています。

問題B　【本文の要約】参照。

(1)　Q1のグラフより，運動をしない生徒は48人で約50人だから，イが適当。

(3)　ア「Ted は自分の健康のために時々運動をする」が適当。イ「Ted と Ayu はプロギングに60分を超える時間を費やしてはいけない」，ウ「Ayu は普段，自分の健康のためにプロギングを行う」は本文にない内容。ェ「200人の生徒のうち，約35％の生徒は質問2に『いいえ』と答えた」…「いいえ」と答えたのは200人中22人だから，35％は誤り。

【本文の要約】

Ted：これを見て。約 (あ)イ 50 人の生徒が普段，運動をしないそうだよ。

Ayu：でも約 180 人の生徒が，運動は健康に良いと思っているね。あなたならこの 2 つの質問に何て答える？

Ted：僕は両方の質問に「はい」って答えるよ。

Ayu：あなたは健康のためにどんな運動をしているの？私も何か運動したいんだけど。

Ted：僕はよく「プロギング」チームに参加するんだ。プロギングは，ジョギングのおもしろいやり方でね。ジョギングをしながら道にあるごみを拾うんだよ。僕のチームはいつもプロギングに 1 時間以上の時間を費やすけど，どのぐらい時間を費やすかは，君が決められるんだよ。僕たちは先週たくさんのごみを拾ったよ。プロギングの後， (い) きれいな （＝clean）町を見るのは気持ちがいいんだ。

Ayu：おもしろいね。プロギングで町を (う) きれいに （＝clean）できるんだね。私はやったことがないから，ぜひやってみたいな。

4 (1) 新聞にある Alex の吹き出し「フェスティバルで一緒に『ラミントン』を作りましょう。ラミントンはオーストラリアのケーキの 1 種です。オーストラリアの人たちはそれが大好きなんですよ」より，新聞の見出しは「Alex と (あ)ウ ケーキを作り ましょう」が適切。

(2) 新聞の日付が「9 月 25 日月曜日」で，フェスティバルの日時の案内が next month「翌月」だから，次の月である 10 月 （＝October）が適切。

(3) ア× 「ワールドフェスティバルはイベントが 1 つしかない」…新聞には「このフェスティバルではたくさんのイベントがある」とある。 イ× 「Alex のイベントは午後に始まる予定である」…新聞の 1 つ目の・「私のイベントに参加するには，午前 10 時 20 分前に，モミジ公園にあるインフォメーションセンターへ来てください」とある。ウ× 「Alex のイベントのチケットを買う必要がある」…新聞の 2 つ目の・「私のイベントには誰でも無料で参加できます。チケットを買う必要はありません」とある エ○ 「ワールドフェスティバルに関する情報はインターネット上で得られる」…適当。新聞の 3 つ目の・「フェスティバルに関するより多くの情報は，モミジ市ウェブサイトを閲覧してください」と一致する。

(4) 【会話の要約】参照。イベントは日曜日だから，時刻表の「土・日・祝日」を見る。イベントに参加するには「午前 10 時 20 分」までにインフォメーションセンターに着かなければならないから，9 時 15 分か 9 時 50 分のバスに乗ることになる。会話の内容から，モミジ公園のバス停に 10 時 5 分に着くのは 9 時 50 分のバスだけだから，イが適当。

【会話の要約】

Kaori：新聞，読んだ？私たちも Alex 先生のイベントに参加しましょうよ。

Diego：いいよ。サクラ駅からモミジ公園までバスに乗って行けるよね？バスの時刻表を調べよう。

Kaori：サクラ駅からモミジ公園のバス停まで 15 分かかるね。それにバス停からインフォメーションセンターまで歩いて 5 分かかるよ。

Diego：じゃあこのバスに乗ったら，バス停には午前 10 時 5 分に着くね。

Kaori：その通り。だからインフォメーションセンターには 10 時 10 分に着くね。サクラ駅で待ち合わせない？

Diego：いいよ。

5 【本文の要約】参照。

(1) カスタネットは円盤（状の部分）を軽くたたいて「音（＝sound）」を出す楽器。

(2) 直前の文が his idea の内容である。与えられた日本文に合うように日本語を入れること。

⑶　do so は直前の文の he started making the castanets again のことだから，エが適当。

⑷　(お)　・agree with ～「～に同意する」

⑸　イ「男性はプロジェクトチームに，森の木々を伐採することをやめてほしかった」が当てはまらない。ア「男性はプロジェクトに豊かな森をつくってほしかった」，ウ「男性は町に森からの贈り物を受け取ってほしかった」，エ「男性は子どもたちに森の木々について学んでほしかった」は本文にある内容。

⑹　ア○「写真にあるカスタネットは日本で創られた」…第1段落4～5行目と一致。　イ「その音楽教師は工房で我が子のために音楽の授業をした」…本文にない内容。　ウ「プロジェクトは新しい工房を開くことを決め，男性の工房を閉じた」…本文にない内容。　エ「男性はプロジェクトによって供給された木材から×簡単に円盤状のものを作る」　オ○「色を塗られていない木製の円盤上には木材の自然な色合いが表れている」…第5段落6～7行目にある男性の発言と一致。

【本文の要約】

　この写真を見てください。木製のカスタネットです。どうやって演奏するのでしょう？簡単です。円盤状の部分（以下円盤）を軽くたたき合わせると，(あ)ウ音（＝sound）を鳴らせます。日本では，よく小さな子どもが音楽の授業でこの楽器を使います。⑹アここにあるカスタネットは日本で考案されて，誕生しました。そして，ひとりの男性が日本の山間部の工房でこれを作っています。

　何年も前にその男性の父親が工房を持っていて，木製の製品をそこで作っていました。1947年頃，ある音楽の先生が男性の父親の元を訪れました。⑵先生は小さな子どもでも容易に演奏することができる楽器を作りたかったのです。先生は自分のアイデアを男性の父親に話し，助けを求めました。男性の父親と先生が一緒に取り組んで，カスタネットが生まれたのです。カスタネットは人気となり，日本の多くの学校で使われました。

　その後，その男性は父親から工房を引き継ぎ，カスタネットを作り続けました。しかしながら状況は徐々に変化していきました。男性はカスタネット作りのための木材を手に入れることができなくなり，2013年春，工房を閉じたのです。数カ月後，男性は再びカスタネット作りを始めました。何が彼の再開を助けたのでしょうか？その答えは，工房の近くの山で行われたプロジェクトでした。

　豊かな森を創り，その周辺にコミュニティを作るため，2003年にそのプロジェクトが始まりました。森の状態が悪かったので，プロジェクトチームはそれを(え)ア改善したいと考えました（＝wanted to improve）。チームは豊かな森を作るため，木々を伐採しなければいけませんでしたが，こうした木々を無駄にしませんでした。2013年の夏，チームは男性に，こうした木々から作られた木材でカスタネットを作ってほしい，と頼んだのです。男性はそのアイデアに(お)ア賛同し（＝agreed with），再びカスタネットを作るために工房を再開したのでした。男性はそれ以来，プロジェクトから提供される木材を使っています。

　実は，男性にとってそのような木材から円盤を作るのは大変なのですが，彼はその木材を使います。それにはいくつか理由があります。まず，男性は自分の町のために何かをしたいと思っていたからです。⑸ア,ウ彼はその木材をカスタネットに使うことが，プロジェクト，森，そして町に役立つと信じています。森は町にとって特別な贈り物となることでしょう。2つ目は，子どもたちのために何かをしたいと思っていたからです。彼は，自分のカスタネットが子どもたちに森の木々について教えてくれると思っています。子どもたちが工房を訪れると，彼はこう言います。「⑹オひとつひとつの円盤には，それぞれ自然な色があるんだよ。僕はそれに色を塗っていないんだ。カスタネットの色の違いを見つけてみよう」⑸エ男性は子どもたちが木に興味を持ち，木について学んでほしいと願っています。

　カスタネットをたたいてみてください。木の声が聞こえることでしょう。

岡山県公立高等学校【一般入学者選抜】

《2022　一般入学者選抜　国語　解答例》

1. ①ⓑさけ　ⓓそまつ　②イ　③最後の年の試合がミスで終わることへの恐れ　④ア　⑤X．朝月と脊尾には理想のバトンパスができるほどの信頼関係がない　Y．勝ちたい　⑥エ

2. ①七言絶句　②万葉集　③ア　④X．色彩を対比させている　Y．悲しいというイメージ

3. ①ⓒ約束　ⓓ拝　②ウ，オ　③X．恵み　Y．自然　④エ　⑤水盤に浮かべた桜の花びらを手がかりにして満開の桜を想像させる　⑥イ

4. ①エ　②ウ　③情報を得る時間帯を自分で調整できる。なぜなら、録画しない限り視聴できる時間帯が決められているテレビとは違い、新聞は印刷されているので、自分の手元に存在する限り好きなときに読むことができるからだ。

《2022　一般入学者選抜　数学　解答例》

1. ①6　②−11　③5a＋3b　④7ab²　⑤4＋2√3　⑥a(x＋4)(x−4)　⑦$\frac{20}{3}\pi$
　⑧イ，ウ　⑨ア，エ　⑩右図

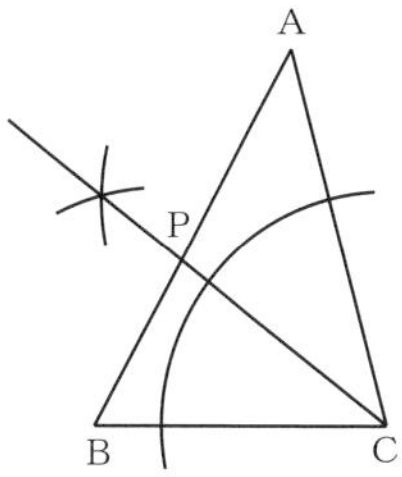

2. ①20a＋7b≧500　②(1)$\begin{cases} x+y=39 \\ 45x+10y=1160 \end{cases}$　(2)アルミ缶…22　スチール缶…17

3. ①(1)$\frac{1}{2}$　(2)−4　(3)−1，5　②(1)2t　(2)$(\frac{3}{2}, \frac{3}{4})$

4. ①(1)2　(2)$\frac{2}{9}$　②Aの起こる確率は$\frac{15}{36}=\frac{5}{12}$，Cの起こる確率は$\frac{9}{36}=\frac{1}{4}$となり，Aの起こる確率の方が大きいから，Aの方が起こりやすい。
　③式…$1800×\frac{2}{9}=400$　答…400　④ウ

5. ①ウ　②2√2　③$\frac{32\sqrt{7}}{3}$　④(1)(あ)オ　(い)イ　(う)カ
　(え)∠EAB＝∠OAB−∠OAD＝$(90°−\frac{1}{2}∠x)−(90°−\frac{3}{2}∠x)=∠x$
　よって，∠AOB＝∠EAB…(ⅰ)
　また，共通な角だから，∠OBA＝∠ABE…(ⅱ)
　(ⅰ)，(ⅱ)から，2組の角がそれぞれ等しいので，
　(2)$\frac{92}{9}$

《2022　一般入学者選抜　英語　解答例》

1. A．(1)イ　(2)ウ　B．(あ)dictionary　(い)train　(う)eleven　C．(1)ア　(2)ウ
　D．(1)エ　(2)like soccer.　I practice it with my brother

2. ①イ　②Sunday　③free　④ア　⑤ウ

3. ①most popular　②wants us to eat

4. ①found　②エ　③イ　④イ　⑤true　⑥ウ

5. ①toys　②My job was to ask　③イ　④イ　⑤(1)時間について考える　(2)持ち主の話を聞く　⑥ウ，エ

《2022　一般入学者選抜　理科　解答例》

1　①(あ)化学　(い)電気　②2H₂＋O₂→2H₂O　③イ　④相同器官　⑤イ　⑥20　⑦(1)エ　(2)ウ

2　①フック　②0.4　③F　④右グラフ　⑤0.18　⑥エ

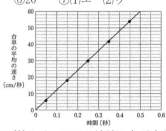

3　①エ　②ア　③7.4　④ウ　⑤電解質　⑥イ，オ

4　①恒星　②P．高く　Q．地軸が傾いた状態で　③ア　④イ

　⑤(1)イ　(2)惑星…エ　理由…地球よりも，太陽に近い位置を公転しているため。

5　①子房　②ウ　③ア，ウ　④対照実験　⑤エ　⑥試験管…H

理由…呼吸で放出した二酸化炭素の量と，光合成で吸収した二酸化炭素の量がほぼ等しく，ＢＴＢ溶液の色が変化するほどの二酸化炭素の増減がなかったため。

《2022　一般入学者選抜　社会　解答例》

1　①古墳　②イ　③エ　④新しく城を築くことを禁止する　⑤(1)南北朝の統一　(2)ウ→ア→イ

2　①アルプス　②イ　③ア，ウ　④(1)ウ　(2)選択…ア　理由…火山が多数あり，地熱エネルギーを利用した地熱発電が行われていると考えられるから。

3　①イ，エ　②大政奉還　③領事裁判権　④エ　⑤イ→ア→エ→ウ　⑥石油危機により生じた不況を，省エネルギー技術を開発する

4　①ウ　②ア　③(1)季節風　(2)ウ　④市場での取扱量が少なく，平均価格の高い時期に収穫，出荷する

5　①(1)ア　(2)ア　②X．イ　Y．課税対象の所得金額が高くなるにつれて税率が高くなる累進課税を採用　③秘密　④(1)イ　(2)憲法に違反していないかを審査　⑤(1)エ　(2)ＮＧＯ

━《2022 一般入学者選抜 国語 解説》━━━

1 ② 脊尾（せお）が、朝月（あさつき）の言い分として「全力で〝もらう〟つもりだったって言うんだろ？ 加速できなくてもいいから、とにかくもらうことに全力を尽くすつもりだった、って」と言っていること、「俺」（朝月）が「だって嫌だろ！ これが最後の年なんだぞ！～バトンミス一つで終わるなんて……」「だったら詰まってでも、確実にもらう方が絶対いい」と言っていること、「俺」が「高校三年は……最後だと思った瞬間、急に怖くなって必死に練習しだしたりして～俺もそうだから」と思っていることから、確実にバトンを受け取ることに重きを置いて練習していたのだと読み取れる。よって、イが適する。

③ 「だって嫌だろ！ これが最後の年なんだぞ！～バトンミス一つで終わるなんて……」という「格好の悪い理屈」は、何から生じているのか。それは、──ⓒの2～5行前で述べられている。「きっと、日本中の高校三年生が、陸上に限らず～感じている恐怖だ～最後だと思った瞬間、急に怖くなって必死に練習しだしたりして～俺もそうだから」より、最後の年の試合がミスで終わることを恐れているのだとわかる。朝月のこの気持ちは、「タイムが届かなくて負けるより、バトンを落として負ける方が、俺は後悔する」と言っていることからも読み取れる。

④ 朝月は、とにかくバトンミスを避けたい自分の気持ちを、「わかるだろ？ おまえも三年なら」「きっと、日本中の高校三年生が～感じている恐怖だ」「そうだろう？ そうだろう？ 誰だって、そうだろう？」と思いながら、「タイムが届かなくて負けるより、バトンを落として負ける方が、俺は後悔する」と言ったのである。しかし脊尾は、「なに言ってんの、おまえ」と一蹴（いっしゅう）した。まったく共感できない、という反応である。このようにあっさりと否定された衝撃なので、アが適する。

⑤X 朝月の「弱音」とは、「勝てないかもな」「できねえんだよ！」と言ったこと。できないこととは、「前走者が十のスピードのまま、十のスピードで走る次走者にバトンを渡すこと」、つまり「バトンパスの理想」を実現することである。続けて朝月は、「できるわけ、ねえだろそんなの。俺とおまえの間に、そんな信頼関係なんかねえよ」と、できない理由を言っている。 Y 脊尾から「おまえがどうしたいか」を訊かれた朝月の答えは、「『……勝ちたい』本音。きちんと本音～シンプルに、俺が成し遂げたいこと。『勝ちたい！』～負けたくない。関東、行きたい」というもの。

⑥ ア．「目を白黒させた」の直後に、「『は？』なに言ってんだ、こいつ」とあるから、「的を射た発言をされたために」は適さない。 イ．「脊尾を根気強く説得しようとしている」様子はない。誰もが自分と同じように感じるはずだ、脊尾もわかるはずだ、と思っていたのである。 ウ．「がしがしと頭をかきながら」の前後の、「なにごちゃごちゃ考えてるのか知らないけどさ、そんな難しいこと訊いてないだろ」「向いてるかどうか～訊いてねえよ。おまえがどうしたいか訊いてんだよ」という脊尾の言葉からは、もどかしさが感じられる。よって、「照れくささ」は適さない。 エ．「最初からこんな目してたっけな？ こいつ……」の直前には「見知ったはずの三走（第三走者、脊尾）は、力強い目で俺を見ていた」とある。「見知ったはず」の脊尾の目が、いつもと違うように見えたということ。この描写は「脊尾に対する朝月の見方が変化したことを暗示している」と言える。

2 ① 一句が七字で、四句からなっているので、「七言絶句」。「絶句」は四句からなるもの。「五言絶句」＝五字四句。「七言絶句」＝七字四句。「律詩」は八句からなるもの。「五言律詩」＝五字八句。「七言律詩」＝七字八句。

③ 直前の行の「『花ももみじもない』といいながら、実はその言葉を出すことで、読者の脳裏には即座に『花』や『紅葉』がイメージされる」という効果、つまり、目の前にないものを比較対象としてイメージさせることの効

果が、「山行」の詩にもあるということ。それは、四句目の「晩秋の霜にあって色づいた木々の葉は、<u>あの春二月に競い咲く美しい花々よりも</u>さらに<ruby>紅<rt>あか</rt></ruby>く美しい」という比較に見られる。よって、アが適する。

④X　直後に「後半で、前半のモノトーンの世界に対して紅葉を詠むことにより」とあるから、【対話】で「モノトーンに近い『山行』の前半〜それが後半でガラッと変わる〜紅葉の鮮烈な色彩が」と言っている、色彩の対比だと判断できる。　　　Y　直前に「<ruby>宋玉<rt>そうぎょく</rt></ruby>の詩によって定着した」とあるから、【対話】で「確か宋玉でしたね〜彼が『悲しいかな、秋の気たるや』と宣言してから、<u>秋は悲しい季節、</u>というイメージが定着したといわれます」と言っていることからまとめる。

3　②　――ⓐ、ウ、オは、助詞。アは名詞。イは動詞（「困る」の連用形）。エは形容詞（「優しい」の連用形）。カは助動詞。

③　まず、――ⓑに続けて「神様は〜フラフラと飛び回っている」と述べ、「〜たり〜たり」と具体的なイメージを取り上げたうえで、直後の段落で「つまり神様とは<u>自然の力そのものだったのだ</u>〜その<u>恵み</u>に生かされて自分たちは生きている。つまり〜日本人は自然というものと重ね合わせて神の存在を感じていた」とまとめている。

④　「神様は〜柱と縄で囲っただけの何もない空間をつくると、それを目ざとく見つけて降りてくるかもしれない。『入ってくるかもしれない』そのような可能性に対して、神様を深く敬う気持ちが湧き起こる」「『<ruby>代<rt>しろ</rt></ruby>』は神様を呼び込むための空っぽの空間で、これに屋根の付いたものが『屋代』＝『社』〜神社の真ん中にある、神様を<ruby>祀<rt>まつ</rt></ruby>る場所だ。空っぽの中に、もしかしたら宿っているかもしれない神様。その可能性のシンボルとして、昔の日本人は『神社』というものをつくった」と述べていることに、エが適する。アの「いつでも自分たちを助けてくれる」、イの「装飾的に作られている」、ウの「確実に神様がいる」は適さない。

⑤　――ⓕに続く内容に着目する。「日本の茶室」での方法について、「たとえば、水を張った<u>水盤</u>〜に桜の花びらを数枚散らすだけで、あたかも満開の桜の下にたたずんでいるように見立てる」と説明しているので、この部分を用いてまとめる。そのうえで、このような日本人の感性、精神性を、「最小限のしつらいで<u>最大のイメージを共有</u><u>する</u>のだ。簡素だからこそ<u>想像力が大きくはばたく</u>。ごくわずかなしつらいに大いなる豊かさを呼び込む。これが『わび』の精神だ」と述べているのも参照。

⑥　本文の最後で「何もないところに想像力を呼び込んで満たす〜意味のない余白を上手に活用する。日本のデザインには、そうした感性が脈々と根付いていると僕は思う」と述べていることに、イが適する。アの「欠けたところのある作品でも」、ウの「何もない空間が偶然できてしまっても」という消極的なあり方ではない。また、エの「自然を題材にした芸術作品によって」という限定的な話でもない。

4　①　<u>信頼できない</u>情報が多いというインターネットの特徴が関係している気がするよ」と言える結果なので、エが適する。

②　ア．「自分の気づきや考えについては何も言わず」が誤り。　イ．「三人の合意を形成する役割を果たしている」とは言えない。　ウ．絵理さんが「その考え方は正しいかもしれないね。でも〜と考える人が多いのだと思うよ」「確かにね。だけど〜弱みかもしれないよ」「新聞が〜ということに注目したらどうかな〜強みが見つかりそうだよ」と言っていることに合う。　エ．「三人とも〜否定的なことを言わず」が誤り。

③　「テレビと比べたときの強み」なので、「録画しない限り視聴する時間や順番を自分で決められない」というテレビの弱みに対して、新聞がどうであるかを考える。

1 ① 与式＝2＋4＝6

② 与式＝－8－3＝－11

③ 与式＝6a－2b－a＋5b＝5a＋3b

④ 与式＝$\dfrac{14ab×b}{2}$＝7ab²

⑤ 与式＝1²＋2×1×$\sqrt{3}$＋($\sqrt{3}$)²＝1＋2$\sqrt{3}$＋3＝4＋2$\sqrt{3}$

⑥ 与式＝a(x²－16)＝a(x²－4²)＝a(x＋4)(x－4)

⑦ 求める面積は，　4²π×$\dfrac{150°}{360°}$＝$\dfrac{20}{3}$π（㎠）

⑧ 【解き方】当てはまるものは，与式の左辺にx＝1，y＝－2を代入して，計算結果が0となるものである。

ア．3×1－（－2）－1＝4だから，当てはまらない。　　イ．3×1＋2×（－2）＋1＝0だから，当てはまる。

ウ．3×（－2）＋6＝0だから，当てはまる。　　エ．1＋1＝2だから，当てはまらない。

⑨ ア．（四分位範囲）＝（第3四分位数）－（第1四分位数）で，A組が11－5＝6（点），B組が14－7＝7（点）となるので，正しい。　　イ．B組の最高点よりもA組の最高点の方が高いので，正しくない。

ウ．A組の第3四分位数は11点，B組の第2四分位数（中央値）は12点なので，正しくない。

エ．B組は中央値が12点なので，得点が12点以上の生徒は全体の$\dfrac{1}{2}$以上だとわかる。A組は第3四分位数が11点（12点より低い）なので，得点が12点以上の生徒は全体の$\dfrac{1}{4}$以下だとわかる。したがって，得点が12点以上の生徒の人数は，B組がA組の$\dfrac{1}{2}$÷$\dfrac{1}{4}$＝2（倍）以上となるので，正しい。

⑩ Pと直線AC，BCとの距離は等しいので，Pは2直線AC，BCのなす角である∠ACBの二等分線上にある。よって，Pは∠ACBの二等分線と辺ABとの交点である。

2 ① ペットボトルakgで20aポイント，新聞紙bkgで7bポイントだから，20a＋7b≧500

②(1) 重さの合計について，x＋y＝39…（ⅰ）

アルミ缶$x$kgで45xポイント，スチール缶$y$kgで10yポイントだから，ポイントの合計について，45x＋10y＝1160…（ⅱ）

(2) (1)をふまえる。（ⅱ）より，9x＋2y＝232…（ⅲ）

（ⅲ）－（ⅰ）×2でyを消去すると，9x－2x＝232－78　　7x＝154　　x＝22

（ⅰ）にx＝22を代入すると，22＋y＝39　　y＝17

よって，アルミ缶は22kg，スチール缶は17kgである。

3 ①(1) 放物線y＝ax²はA（2，2）を通るので，2＝a×2²　　4a＝2　　a＝$\dfrac{1}{2}$

(2) Bは放物線y＝－x²上の点で，x座標がAのx座標に等しくx＝2だから，y座標は，y＝－2²＝－4

(3) 【解き方】△OABと△PABは，底辺をともにABとすると，面積比が2：3のとき，高さの比も2：3となる。

底辺をABとしたときの高さは，△OABが（AとOのx座標の差）＝2，△PABが（AとPのx座標の差）となるから，（AとPのx座標の差）＝（AとOのx座標の差）×$\dfrac{3}{2}$＝3

考えられるPのx座標は，（Aのx座標）－3＝2－3＝－1，（Aのx座標）＋3＝2＋3＝5

②(1) AとCはy軸に対して対称なので，（Cのx座標）＝－（Aのx座標）＝－t

よって，AC＝（AとCのx座標の差）＝t－（－t）＝2t

(2) 　【解き方】四角形ＡＣＤＢの周の長さを t の式で表し，方程式をたてる。

Aは放物線 $y=\dfrac{1}{3}x^2$ 上の点で，x座標が $x=t$ だから，y座標は $y=\dfrac{1}{3}t^2$

Bは放物線 $y=-x^2$ 上の点で，x座標が $x=t$ だから，y座標は $y=-t^2$

ＡＢ＝（AとBのy座標の差）＝$\dfrac{1}{3}t^2-(-t^2)=\dfrac{4}{3}t^2$

四角形ＡＣＤＢの周の長さは，$2(\mathrm{AC}+\mathrm{AB})=2(2t+\dfrac{4}{3}t^2)$ と表せるので，

$2(2t+\dfrac{4}{3}t^2)=12$ 　　$\dfrac{4}{3}t^2+2t-6=0$ 　　$2t^2+3t-9=0$

2次方程式の解の公式より，$t=\dfrac{-3\pm\sqrt{3^2-4\times2\times(-9)}}{2\times2}=\dfrac{-3\pm\sqrt{81}}{4}=\dfrac{-3\pm9}{4}$

$t=\dfrac{-3+9}{4}=\dfrac{3}{2}$，$t=\dfrac{-3-9}{4}=-3$ 　　$t>0$ だから，$t=\dfrac{3}{2}$

よって，Aのx座標は $\dfrac{3}{2}$，y座標は $\dfrac{1}{3}\times(\dfrac{3}{2})^2=\dfrac{3}{4}$ だから，A$(\dfrac{3}{2}$，$\dfrac{3}{4})$

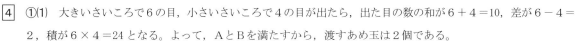

4 ①(1)　大きいさいころで6の目，小さいさいころで4の目が出たら，出た目の数の和が $6+4=10$，差が $6-4=2$，積が $6\times4=24$ となる。よって，AとBを満たすから，渡すあめ玉は2個である。

(2)　【解き方】表にまとめて考える。

大小2つのさいころを同時に1投げるとき，目の出方は $6\times6=36$（通り）ある。

そのうち，出た目の数の差が2となるのは，表 i の○印の8通りだから，

求める確率は，$\dfrac{8}{36}=\dfrac{2}{9}$

② 　Aを満たすのは，表 ii の○印の15通りだから，

Aが起こる確率は，$\dfrac{15}{36}=\dfrac{5}{12}$

Cを満たすのは，出た目が2つとも奇数のときだから，

表 iii の○印の9通りなので，Cが起こる確率は，$\dfrac{9}{36}=\dfrac{1}{4}$

③ 　（試行回数）×（確率）で，およそ何回起こるかを

求めることができる。

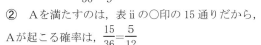

表 i	小					
	1	2	3	4	5	6
大 1			○			
2				○		
3	○				○	
4		○				○
5			○			
6				○		

2個のさいころの目の和

表 ii	小					
	1	2	3	4	5	6
大 1	2	3	4	5	6	7
2	3	4	5	6	7	⑧
3	4	5	6	7	⑧	⑨
4	5	6	7	⑧	⑨	⑩
5	6	7	⑧	⑨	⑩	⑪
6	7	⑧	⑨	⑩	⑪	⑫

表 iii	小					
	1	2	3	4	5	6
大 1	○		○		○	
2						
3	○		○		○	
4						
5	○		○		○	
6						

④ 　1800回行うときは，Aがおよそ $1800\times\dfrac{5}{12}=750$（回），Bがおよそ400回，Cがおよそ $1800\times\dfrac{1}{4}=450$（回）起こるので，渡すあめ玉の総数は，およそ $750+400+450=1600$（個）

5 ①　ウが正しい。アについて，直線ＯＡ，ＢＣは同一平面上にないので，ねじれの位置にある。

イについて，直線ＯＢと直線ＯＤは交わる（ねじれの位置ではない）。エについて，明らかに∠ＯＢＣ，∠ＯＢＤが90°ではないので，平面ＯＡＢと平面ＡＢＣＤは垂直ではない。

② 　△ＡＢＣはＢＡ＝ＢＣの直角二等辺三角形だから，ＡＣ＝$\sqrt{2}$ＡＢ＝$4\sqrt{2}$（cm）

正方形の対角線はそれぞれの中点で交わるから，ＡＨ＝$\dfrac{1}{2}$ＡＣ＝$2\sqrt{2}$（cm）

③ 　△ＯＡＨについて，三平方の定理より，ＯＨ＝$\sqrt{\mathrm{OA}^2-\mathrm{AH}^2}=\sqrt{6^2-(2\sqrt{2})^2}=2\sqrt{7}$（cm）

正四角すいＯＡＢＣＤは，底面を正方形ＡＢＣＤとすると高さがＯＨとなるので，体積は，

$\dfrac{1}{3}\times(4\times4)\times2\sqrt{7}=\dfrac{32\sqrt{7}}{3}$（cm³）

④(1)　△ＯＡＢと△ＡＥＢにおいて，∠ＡＯＢ＝∠xとすると，△ＯＡＢはＯＡ＝ＯＢの二等辺三角形だから，

∠ＯＡＢ＝$(180°-x)\div2=$ (あ)$\underline{90°-\dfrac{1}{2}\angle x}$ となる。

また，△ＯＡＤは∠ＡＯＤ＝∠ＡＯＢ＋∠ＢＯＣ＋∠ＣＯＤ＝∠x＋∠x＋∠x＝ (い)$\underline{3\angle x}$ で，ＯＡ＝ＯＤの二等辺三角形だから，∠ＯＡＤ＝$(180°-3\angle x)\div2=$ (う)$\underline{90°-\dfrac{3}{2}\angle x}$

証明の穴埋め問題では，すでに書かれていることがヒントになるのでそれをよく読んで，論理的な説明になるよう

に空欄を埋めていこう。答えがすぐにわからない場合は，仮定を図にかきこみ，問題の内容に応じて，図形の性質，平行線の同位角・錯角，円周角の定理などからわかることも図にかきこんで，答えを考えよう。

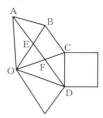

⑵　【解き方】右のように記号をおき，ＡＤ＝ＡＥ＋ＥＦ＋ＦＤで求める。

△ＯＡＢ∽△ＡＥＢだから，△ＡＥＢはＡＥ＝ＡＢ＝４㎝の二等辺三角形である。

同様にして，ＦＤ＝ＣＤ＝４㎝とわかる。

△ＯＡＢ∽△ＡＥＢより，ＯＡ：ＡＥ＝ＡＢ：ＥＢ　　　６：４＝４：ＥＢ

$ＥＢ＝\dfrac{4×4}{6}＝\dfrac{8}{3}$(cm)　　　同様にして，$ＦＣ＝\dfrac{8}{3}$cm

よって，$ＯＥ：ＯＢ＝ＯＦ：ＯＣ＝\left(6－\dfrac{8}{3}\right)：6＝5：9$だから，△ＯＥＦ∽△ＯＢＣであり，

$ＥＦ＝\dfrac{5}{9}ＢＣ＝\dfrac{5}{9}×4＝\dfrac{20}{9}$(cm)　　　したがって，$ＡＤ＝4＋\dfrac{20}{9}＋4＝\dfrac{92}{9}$(cm)

═《2022　一般入学者選抜　英語　解説》═

1　A⑴「ジョンは帽子をかぶっている少年です。彼は２人の少年の間に座っています」…イが適当。　　　⑵　「昨日の昼食後に部屋を掃除しました」…ウが適当。

B　【放送文の要約】参照。

【放送文の要約】

ハジメ，あなたの助けが必要なの。私の部屋の机の上に(あ)辞書(＝dictionary)が見える？国語の授業に必要なの。持ってきてくれない？私は駅の前にいるわ。(う)11(＝eleven)時発の(い)電車(＝train)に乗らなければならないから，家に帰る時間がないの。

C⑴　質問「今，メグはエリックに何をするよう頼んでいますか？」…A「エリック，コンテストに参加するにはどの写真を送るべきかな？」→B「全部がいい写真だよ，メグ。君が最高のものを選べばいいよ」→A「本当に？でもあなたのアドバイスが欲しいわ」→B「決めるのは難しいけど，やってみるよ」の流れより，ア「写真を選ぶごと」が適当。　　　⑵　質問「ケンは何を意味していますか？」…A「ケン，ジャックの誕生日プレゼントを買いたいわ。今一緒に来てくれない？」→B「リナ，君と一緒に買い物に行けたらいいんだけど」→A「ああ，今日あなたは忙しいの？」→B「今日は叔父が訪ねてくるんだ。明日はどう？」の流れより，ウ「今日彼はリナと買い物に行けません」が適当。

D　【放送文の要約】参照。

⑵　(例文の訳)「(えっと，私は)サッカーが好きなの。兄と一緒に練習するのよ」

【放送文の要約】

はじめまして，ユカ。ロブだよ。僕たちの学校について話すよ。⑴ェ午前９時から午後３時30分まで授業があるよ。⑴ェ昼食を持って来なければならないね。学校では，日本の生徒たちのように⑴ェ制服を着ているよ。放課後，⑴ェ学校の図書館で勉強する生徒もいるよ。図書館は午後５時に閉まるよ。他の生徒たちはスポーツを楽しんでいて，実際に僕はクラスメートと一緒にスポーツをすることがよくあるんだ。ユカ，スポーツは好き？もっと教えてよ。

2　【本文の要約】参照。

①　８月のスケジュールの表より，イベント３はバンドの公演だから，イ「コンサート」が適当。

②　直前に25日が木曜日だと言っているので，28日は日曜日(＝Sunday)である。

③　アンはハルに時間が空いているかどうかを尋ねているので，free「(時間が)空いている」が適当。

④　ハルの３回目とアンの４回目の発言より，２人は日本的なものを作るイベント(イベント１)に参加することが

わかる。

⑤　ア「イベント２では各日×30_人を受け入れます」　イ「イベント４は，４つのイベントの中で×開催時間が最も短いです」　ウ〇「この『シェアスペース』では，８月の午前中に２つのイベントが行われます」　エ「アン×とハルは８月25日に日本を離れます」

【本文の要約】

アン：ハル，何を見てるの？「シェアスペース」？それは何？

ハル：それは場所だよ。数日間使えるんだ。僕らの街の商店街沿いにあるこの「シェアスペース」では，毎週末にイベントが開催されるよ。これが８月のスケジュールなんだ。君がアメリカに戻る前に参加しよう。どのイベントが面白そう，アン？

アン：私は料理が好きなので，このイベントはよさそうね。

ハル：待って，アン。これに参加することはできないよ。君は８月25日の木曜日に日本を発つだろ。でもこのイベントは８月28日の (い)日曜日（＝Sunday） に開催されるよ。かわりに，これはどう？翌日の朝食が作れるよ。

アン：いいわね。どちらの日が私たちにとって都合がいいか選ぶこともできるよ。ほら，ハル。私は音楽が好きだから，これも面白そう。

ハル：そうだね。アン，ここにもう１つあるよ。④ァこのイベントでは，何か日本的なものを作ることができるよ。腐ることもないから，家族へのプレゼントになるよ。

アン：素晴らしいわ。④ァ私の家族はそれをもらったら喜ぶと思うわ。ハル，一緒にこのイベントに行きましょう。この日の午後に (う)空いた（＝free） 時間はある？

ハル：うん。その日は (う)空いている（＝free） よ。僕も一緒に行くよ。待ちきれないよ。

3　語数の条件に注意する。　①「人気ナンバーワン」を英語で説明する。popular の最上級は most popular である。

②　「おすすめ」＝「シェフが私たちに食べてほしい」と日本語を変換する。

「（人）に～してほしい」＝want＋人＋to ～

4【本文の要約】参照。

①　文末に last week「先週」があるので，過去形の found が適当。

②　200 人が回答したアンケートで51％が０冊だから，およそ100 人である。

③　直後のグレン先生の返答より，ニックは，９月だけではなく，他の月のアンケート調査も必要だと言っていると考えられる。

④　グレン先生は５回目の発言でミサキの言ったことが（Y），タクの言ったことが（Z）と言っている。直前のミサキとタクの発言より，イが適当。

⑤　ニックの１回目の発言より，true「真実の／本当の」を抜き出す。

⑥　（ナホが授業で書いたワークシートの訳）「さまざまなデータを用いることが大切だとわかります。データを扱うときは， ⑥ウそのデータが正しいか検証する ことも大切だと思います。一部のデータが誤っている可能性があります。それが誤っていると，状況を改善する方法を見つけることができません。入手できるデータを簡単に信じてはいけません」

【本文の要約】

グレン先生：グラフ１を見てください。これはみなさんが回答した学校アンケート調査の結果を示しています。私は先週これを見つけました。このグラフから何がわかりますか？

タク　　　：およそ (い)100人の 生徒が9月に本を読んでいません。

グレン先生：それはみなさんに読書習慣がないということですか？

タク　　　：そうです。グラフを見るとそのことがわかります。本を読まない生徒もいます。

ニック　　：本当に？それは真実ではないと思います。そのグラフは，9月に読んだ本の冊数を示しています。 (う)ィ他の月に生徒たちが何冊読んだか も見る必要があります。

グレン先生：それらのデータがあれば，月ごとの変化を確認できますね。グラフ1だけですべてを理解するというのは難しいです。みなさんの読書習慣を理解するためには，より多くのデータが必要です。他に何か考えはありますか？

ミサキ　　：いつアンケート調査に答えたかということも考慮する必要があります。9月は学園祭があって忙しかったです。私はほぼ毎月本を読んでいますが，9月には本を読みませんでした。

ニック　　：そのグラフは，当時僕たちが本を読む時間を作るのが難しかったことを示していません。データを慎重に扱う必要があります。

タク　　　：わかりました。グレン先生，当時，なぜ何人かの生徒が本を1冊も読まなかったのかわかりますか？これにはいくつかの原因があると思います。それらがわかれば，状況を改善する方法を考えることができます。

グレン先生：わかりました，それについて考えてみましょう。アンケート調査では，生徒たちになぜ9月に本を読まなかったのかを尋ねました。アンケート調査の結果からグラフ2を作成しました。グラフ2の理由（X），（Y），（Z）が何か推測してみましょう。

タク　　　：④(Y)ィたぶん，彼らは読書に興味がないのでしょう。

ミサキ　　：そうかな？④(Z)ィ生徒たちはよく忙しすぎると言っています。 読書には時間がかかると言っています。

ニック　　：彼らはどの本を読めばいいかわからないんじゃないでしょうか。

グレン先生：では確認しましょう。ニックの考えは理由（X），ミサキの考えは理由（Y），タクの考えは理由（Z）です。

タク　　　：グラフ2があれば，彼らが9月に読まなかった理由がわかります。

グレン先生：推測だけでこの状況の (え)本当の(＝true) 原因を理解するのは難しいです。問題を解決する方法を見つけるために，さまざまなデータを駆使して，「どうして？」または「それは本当に (え)真実(＝true) なの？」と何度も自問します。しかし，データを扱う際には考慮すべきことがたくさんあります。何を考える必要がありますか？あなたの考えを書いてください。

⑤ 【本文の要約】参照。

① them のような指示語の指す内容は直前に書かれていることが多い。ここでは，同じ文の toys を指す。

② 主語が My job「私の仕事」の文を作る。2つの動詞(was と ask)があるので，不定詞の名詞的用法を使って was to ask「尋ねることでした」とする。

③ （う）…おもちゃを治療してもらった男の子から感謝の言葉をもらったことに対して，glad「うれしい」が入る。（お）…女の子からのおもちゃの治療の依頼に対して，マキが何もできなくて落ち込んでいる場面だから，disappointed「落胆した／落ち込んだ」が入る。

④ 下線部(え)の段落の内容から，サトウ先生はア，ウ，エを行っているが，イは行っていないことがわかる。

⑤ 下線部(か)の段落の3〜4行目の内容から，必要な部分を日本語で答える。

⑥ ア「マキはサトウおもちゃ病院で×2年間ボランティア活動をしました」　イ×「マキは自分の壊れたおもちゃをサトウおもちゃ病院に持っていき，サトウ先生と一緒に修理しました」…本文にない内容。　ウ○「マキが初

めておもちゃを修理したとき，サトウ先生の助けを借りました」　エ〇「マキは，自分とサトウ先生は女の子のオルゴールを修理できないと思いました」　オ「×マキはオルゴールのためにいくつかの部品を作り，女の子はついにその音色をまた聴くことができました」

【本文の要約】

おもちゃが壊れたらあなたはどうしますか？それを捨てて新しいものを買いますか？そのかわりに，おもちゃの病院に持っていくことができます。おもちゃの病院ではおもちゃの医者が壊れたおもちゃを修理してくれます。おもちゃを修理してもらえば，もう一度遊ぶことができます。

私は２年前におもちゃの病院に関する新聞記事を読みました。おもちゃの病院についてもっと知るために，去年の夏，サトウおもちゃ病院でボランティアとして１ヶ月間働きました。サトウ先生はそこのおもちゃの医者です。彼が私にこの機会を与えてくれました。私の仕事はおもちゃの持ち主にどのような問題があるかを尋ね，サトウ先生を手伝うことでした。仕事中彼はよく私に「おもちゃの修理が難しいこともあるけど，おもちゃの医者は簡単にはあきらめないよ」と言いました。

サトウ先生は壊れたおもちゃの新しい部品の作り方を教えてくれました。数日後，男の子がおもちゃを持って病院にやって来て，私ははじめて治療をしました。⑥ゥおもちゃの部品をいくつか作って，サトウ先生の助けを借りて修理を終えました。治療はうまくいきました。その男の子は私に「うれしいです。ありがとうございました」と言いました。これを聞いた時私は(ぅ)ィうれしかった(＝glad)です。しかし，うまくいかないこともありました。

ある日，壊れたおもちゃを持って女の子が訪ねてきました。オルゴールでした。⑥ェその状態は良くありませんでした。自分たちに修理は無理だと思いましたが，女の子には言いませんでした。そのかわりに，おもちゃの状態を聞いてみました。サトウ先生は注意深く話を聞いていました。彼は言いました。「ああ，これは君のおばあさんがくれたものなんだね。それなら君にとってとても大切なものだね。私たちはこれを修理してみるよ」④ァ彼はおもちゃを入念にみて，④ゥその修理の仕方を説明し，そしてそのための新しい部品をいくつか作り始めました。④ェ彼はオルゴールを修理している間，それが治っていく様子を彼女に見せました。彼は女の子を励まし続け，女の子は彼を見続けました。最後に彼女は言いました。「音が鳴っている！とてもうれしいわ！」女の子は微笑みました。そしてサトウ先生も彼女に微笑みました。それらを見ることができてよかったのですが，私は女の子に何を言えばいいのかわかりませんでした。サトウ先生のそばにただ立っていただけで，私は彼女を助けることができませんでした。私はそれが気がかりでした。

仕事が終わったあと，サトウ先生が私に「大丈夫？そんなに(ぉ)ィ落ち込ま(＝feel disappointed)ないで，マキ。最初の治療のあと，どのように感じたの？君はうれしかったんだよね？そんなに簡単にあきらめないで。おもちゃの医者があきらめたら，持ち主はおもちゃに別れを告げなければならないよ」と言いました。彼は私を励まし，そして私は彼がいつもおもちゃの持ち主に耳を傾ける理由を理解しました。

サトウおもちゃ病院での経験から，壊れたものを修理するということのもう１つの意味を理解しました。何かが修理されると，それを再び使うことができます。これは，壊れたものを修復することの１つの意味です。⑤それはまた，持ち主がそれと共有している時間について考えることを意味します。そのためには，彼らの話を聞くことが重要です。私はサトウ先生がいつもそうしているということを知っています。

― 《2022　一般入学者選抜　理科　解説》 ―

<u>1</u>　②　反応の前後で原子の組み合わせは変わるが，原子の種類と数は変わらないことに注意する。

　　　③　反射は，体のはたらきを調節したり，危険から体を守ったりするのに役立っている。

⑤　コイルの中の磁界が変化することでコイルに電流が流れる現象を電磁誘導といい，このとき流れる電流を誘導電流という。コイル側の極と，極とコイルの距離の変化のうちどちらか1つが異なると検流計の針が振れる向きは逆になり，両方とも異なると検流計の針が振れる向きは同じになる。図では，N極をコイルに近づけているから，検流計の針がこれと同じ向きに振れるのは，S極をコイルから遠ざけたイである。

⑥　〔電力量（J）＝電力（W）×時間（s）〕より，500Wの電子レンジを60秒使うときに消費する電力量は，500×60＝30000（J）である。この電力量は1500Wの電子レンジを30000÷1500＝20（秒）使うときに消費する電力量と等しい。

⑦(1)　アとイの天気記号（○）は快晴である。また，アとウの風向は北東である。　　(2)　海（水）と陸（岩石）では陸の方があたたまりやすいので，日中は陸上の気温が大きく上がり，上昇気流が生じて気圧が低くなる。このため，気圧が高い海側から陸側に向かって風がふく。これが海風である。

2 ②　図2より，ばねを引く力の大きさが1.0Nのとき，ばねの伸びは2.5cmだから，ばねの伸びが1.0cmのとき，ばねを引く力の大きさは$1.0×\dfrac{1.0}{2.5}＝0.4$（N）である。

③　記録タイマーは1秒間に60回打点するから，0.1秒間に6回打点する。したがって，前の区間と区切る位置を0個目として，6個目のFで区切ればよい。

④　各時間の真ん中の時間（例えば区間Ⅰでは0秒～0.1秒の真ん中の0.05秒）における瞬間の速さが，その区間での平均の速さになると考えてグラフをかけばよい。

⑤　台車を引く力が1.2N，0.5秒間で進んだ距離が0.6＋1.8＋3.0＋4.2＋5.4＝15.0（cm）→0.15mだから，〔仕事（J）＝力（N）×力の向きに動かした距離（m）〕より，1.2×0.15＝0.18（J）である。

⑥　結果より，台車を引くのをやめた後の記録テープの打点の間隔が均等であったことから，台車は等速直線運動をしていると考えられる。物体が等速直線運動をしているとき，物体にはたらく力はつり合っているから，エが正答となる。エの下向きの力は重力，上向きの力は垂直抗力である。なお，ウのように運動の向きと同じ向きに力がはたらくと，台車の速さはだんだん速くなる。

3 ①　aはコック，bは空気調節ねじ，cはガス調節ねじである。空気調節ねじとガス調節ねじはどちらも，上から見て反時計回りに回すと開く。

②　実験3でヨウ素液を加えると青紫色に変化したから，Aはデンプンである。なお，Bはデンプン以外の有機物である砂糖だとわかる。

③　〔質量パーセント濃度（％）＝$\dfrac{溶質の質量（g）}{溶液の質量（g）}×100$〕より，$\dfrac{4.0}{4.0＋50}×100＝7.40…→7.4$（％）である。

④　ウ○…食塩を水に溶かすとナトリウムイオンと塩化物イオンに電離する〔$NaCl→Na^+＋Cl^-$〕。イオンは水溶液中で均一に散らばっていて，温度や水の量などが変化しなければ，時間がたってもどこか1か所に集まるようなことはない。

⑥　ア○…食塩の水溶液は中性，重曹の水溶液はアルカリ性である。フェノールフタレイン溶液は，アルカリ性で赤色になる。　イ×…青色リトマス紙を赤色に変化させるのは，酸性の水溶液である。なお，アルカリ性の水溶液は赤色のリトマス紙を青色に変化させる。　ウ，エ○…重曹（炭酸水素ナトリウム）を加熱すると，炭酸ナトリウムと二酸化炭素と水に分解される〔$2NaHCO_3→Na_2CO_3＋CO_2＋H_2O$〕。青色の塩化コバルト紙は水に反応して赤色に変化する。また，二酸化炭素を石灰水に通すと，白くにごる。　オ×…加熱して残った白い物質（炭酸ナトリウム）は，重曹よりも水に溶けやすく，その水溶液は重曹の水溶液よりも強いアルカリ性を示す（重曹の水溶液に加えたときよりもフェノールフタレイン溶液が濃い赤色になる）。

4 ③　地球が1日で約1回西から東へ自転しているため，おおいぬ座は1時間で約15°西に移動して見える。また，

地球が1年で約1回西から東へ公転しているため，おおいぬ座は1か月後の同じ時刻には約30°西に移動して見える。したがって，1か月後の21時に，30°西に移動した位置に見えるから，図2と同じ位置に見えるのはその2時間前の19時である。

④ 星は地球からはるか遠くにあるので，1km離れたていどでは見える方角が変わらない。これに対し，城は近くにあるので，観察する場所が西に移動すると，おおいぬ座に対して東に移動した位置に見える。

⑤(1) 太陽系の惑星は太陽に近い方から，水星，金星，地球，火星，木星，土星，天王星，海王星の順に並んでいるので，表の太陽からの距離より，エが金星，ウが火星，イが木星，アが土星とわかる。また，木星は太陽系の惑星の中で最も大きいので，赤道半径が最も大きいイが木星であると判断することもできる。　(2) 同様の理由で，水星も真夜中に観察できない。

⑤ ① 子房の中の胚珠は，成長して種子になる。

② 高倍率にするということは，低倍率のときの視野の一部を拡大するということだから，観察できる範囲は狭くなる。なお，対物レンズは倍率が高いものほど長いので，高倍率の対物レンズに変えると対物レンズとプレパラートの距離は近くなる。

③ 水や二酸化炭素などの無機物から有機物(デンプン)をつくり出す生物を生産者という。イ，エ，オは，生産者がつくり出した有機物をとり入れる消費者であり，イとオはさらに，有機物を無機物に分解することから分解者に分類される。

⑤ 二酸化炭素は水に溶けると酸性を示す。また，ＢＴＢ溶液は酸性で黄色，中性で緑色，アルカリ性で青色を示す。ここでは，青色のＢＴＢ溶液に息(二酸化炭素)を吹き込んで緑色にしたから，緑色のまま変化しなかったＡとＣでは二酸化炭素の増減がなく，青色に変化したＢとＤでは二酸化炭素が減少し，黄色に変化したＥでは二酸化炭素が増加したと考えればよい。酸素の増減はＢＴＢ溶液の色に影響を与えないことに注意しよう。

⑥ Ｃにおいて，ＢＴＢ溶液の色の変化が見られなかった理由としては，解答例の他に「緑色のピーマンの果実が呼吸も光合成も行わず，二酸化炭素の増減がなかったため。」というものも考えられる。そこで，Ｈのように，緑色のピーマンの果実に光を当てなかったときのＢＴＢ溶液の色の変化を調べれば，緑色のピーマンの果実が呼吸も光合成も行わなかったのか，呼吸と光合成を同じくらい行ったのかを確かめることができる。

== 《2022　一般入学者選抜　社会　解説》 ==

⑤ ① 古墳　　仏教が伝来すると，権力の象徴として造られた古墳に代わって寺院の建設が始められた。蘇我馬子の建てた飛鳥寺などがその代表例である。

② イ　　Ｘ．シャカの死から2000年がたつと，仏教の力が衰える末法の世の中がくるという思想(末法思想)が平安時代に広まった。1052年がその年とされ，阿弥陀仏にすがって死後に極楽浄土によみがえることを願う浄土の教え(浄土信仰)を信仰する貴族が多かった。藤原道長は阿弥陀仏の仏像と手を五色の糸で結んで念仏を唱えながら亡くなり，藤原頼通は極楽浄土を再現しようと，平等院鳳凰堂を建てた。朱子学は江戸時代に幕府が奨励した学問である。　　Ｙ．狩野永徳は，『唐獅子図屏風』で知られる安土桃山時代の画家である。葛飾北斎は，江戸時代の化政文化の栄えた頃に『富嶽三十六景』を描いた浮世絵師である。

③ エ　　アは水野忠邦，イは源頼朝，ウは豊臣秀吉についての記述である。

④ 解答例のほか，「幕府の許可なく，居城の修理をしてはいけない。」などでもよい。

⑤(1) 南北朝の統一　　後醍醐天皇が奈良の吉野に南朝をたて，京都で足利尊氏が新たな天皇を即位させ北朝をた

てて以来，約60年にわたって南北朝の時代が続いた。

(2)　ウ→ア→イ　　ウ．飛鳥時代　ア．鎌倉時代　イ．室町時代

2　①　アルプス　　アルプス山脈は，新期造山帯のアルプスヒマラヤ造山帯の一部である。環太平洋造山帯は火山活動がさかんであるのに対して，アルプスヒマラヤ造山帯は火山が少なく，プレートどうしが衝突したことで地層のしゅう曲によって形成された高く険しい山脈が多い。

②　イ　　南太平洋の熱帯の島々では，ヤムいも（日本のヤマイモに似た植物）がよく食べられる。アは南アメリカのアンデス地方で食べられるラワ・デ・チューニョ，ウはピザ（イタリア料理），エはタコス（メキシコ料理）。

③　ア，ウ　　ア．図2は面積が正しい地図だから，Ａ国（南アフリカ共和国）の面積は4国の中でＣ国（モンゴル）とともに少ない方である。その上で表1を見ると，Ａ国の人口は4か国の中で最も多いので，人口密度（人口÷面積）は最も高くなる。ウ．図1を見ると，Ｃ国は東経80度と東経120度の経線の間にある。イ．Ｂ国（サウジアラビア）とＤ国（オーストラリア）を比べたとき，人口はＤ国の方が少なく，ＧＤＰはＤ国の方が高いから，一人当たりのＧＤＰは，Ｂ国よりＤ国の方が高いのでイは誤り。エ．Ｄ国はインド洋と太平洋に面しているからエは誤り。

④(1)　ウ　　国名は，スペインの皇太子フェリペ（のちのフェリペ2世）から名付けられた。

(2)　ア　　ノルウェーは水力発電がさかんであることから，容易にアがフィリピン，イがノルウェーとわかるが，フィリピンを主語として理由を書くことに注意する。日本より発電量の多いのが地熱だけであることに着目する。

3　①　イ，エ　　1688年，名誉革命がおき，翌年，国王の権利を議会が制限できることを承認させた権利の章典が制定された。世界で最初に産業革命が始まったイギリスは，世界の工場と呼ばれた。アはアメリカ，ウはフランス。

②　大政奉還　　土佐藩の後藤象二郎らが考えた大政奉還案を，山内容堂が徳川慶喜に提出し，受け入れられた。

③　領事裁判権　　安政の五か国条約は日本に不利な不平等条約であった。日本は近代化を図り条約改正交渉を続けていたが，当初はイギリスの反対により改正交渉が進まなかった。しかし，ロシアの南下を警戒するイギリスが条約改正に応じ，日英通商航海条約に調印したことで，領事裁判権の撤廃に初めて成功した。改正交渉をした外務大臣は陸奥宗光であった。

④　エ　　財閥解体は，太平洋戦争終結後の1945年以降に行われた。アは1936年，イは第一次が1912年頃・第二次が1924年頃，ウは1922年。

⑤　イ→ア→エ→ウ　　イ．1950年　ア．1956年　エ．1972年　ウ．1990年

⑥　石油危機によるエネルギー不足を，省エネルギー政策で乗り切ったことが書かれていればよい。図の中で，1973年以降，生産指数が上昇しているのに，製造業のエネルギー消費指数が増加していないことから，生産時のエネルギーコストが少なくなったことが読み取れる。

4　①　ウ　　資料2の縦軸にそって読み取ると，収穫量の順位は栃木＞福岡＞熊本＞長崎＞静岡となり，産出額の順番と等しい。ア．資料1を見ると，産出額の上位5県の割合は半分をこえていない。イ．資料2の横軸にそって読み取ると，作付面積の順位は栃木＞福岡＞熊本＞静岡＞長崎となり，産出額の順番と異なる。エ．原点と結んだときのグラフの傾きが大きいほど，作付面積1ha当たりのイチゴの収穫量は多くなる。実際に5つの点と原点を結んでみると，栃木県の傾きが最も大きくなる。

②　ア　　静岡県は，自動車など輸送用機械の生産額が高いので，5県の中で製造品出荷額等が最も高い。イは熊本県，ウは長崎県，エは栃木県。

③(1)　季節風　　夏と冬で吹く向きが変わる風を季節風（モンスーン）と呼ぶ。一般に，夏は海側から大陸側に向けて，冬は大陸側から海側に向けて吹く。　(2)　ウ　　冬の北西季節風が越後山脈や関東山地を越えるときに雪を降

らせたあとの乾燥した風(からっ風)が，栃木県や群馬県あたりに吹き下ろす。そのため，冬の関東内陸部は晴れる日が多い。流域面積最大の河川は利根川，日本最長の河川は信濃川である。

④　資料6から，イチゴは6月から11月にかけてほとんど出荷されなく，その間の平均価格が高いことを読み取る。資料5から，「夏のしずく」の収穫時期が6月から11月であることを読み取れば，解答例のようになる。

5 ①(1)　ア　　X．正しい。依存財源は，地方交付税交付金・国庫支出金・地方債だから，A県の方がB県より割合が高い。Y．正しい。地方公共団体間の財政の格差を減らすために国から配分される資金は地方交付税交付金で，A県は6000×0.32＝1920(億円)，B県は12000×0.13＝1560(億円)だから，A県の方が多い。

(2)　ア　　わが国では，地方議会の議員も首長も，住民による直接投票で選出されるからアは誤り。

②　イ　　累進課税の特徴である「課税対象の所得が高くなるほど，高い税率が適用される」ことが書かれていればよい。消費税は，所得に関係なくすべての人が同じ割合で税を負担するため，所得の低い人ほど負担する税の割合が高くなる。これを逆進性と呼ぶ。

③　秘密　　公正に選挙を行うためのルールとして，一人一票とする平等選挙の原則，誰が誰に投票したかを明らかにする必要がない秘密選挙の原則，一定の年齢に達したすべての国民に選挙権が与えられる普通選挙の原則，有権者が候補者に対して直接投票する直接選挙の原則がある。

④(1)　イ　　裁判員裁判は，重大な刑事事件の第一審だけで行われるから，殺人などの重大事件も扱う。

(2)　違憲審査権(法令審査権)の内容が書かれていればよい。違憲審査権はすべての裁判所が持つ権限である。

⑤(1)　エ　　国際司法裁判所が設置されている。国際連合は世界の平和と人権や自由の尊重のための機関だからアは誤り。総会では，すべての加盟国に平等に1票ずつ与えられるからイは誤り。日本は常任理事国ではないからウは誤り(2022年現在)。

(2)　ＮＧＯ　　非政府組織として，国境なき医師団・ＩＣＡＮ(核兵器廃絶国際キャンペーン)・セーブザチルドレンなどが知られている。

― 《2022　特別入学者選抜　国語　解答例》 ―

1　①(1)えつらん　(2)わく　(3)改札　(4)快　②(1)キ　(2)ウ　③エ　④ア，オ　⑤(1)イ　(2)せっかくの～強調
　　される　(3)馬の無関心ぶり　(4)ア

2　①イ　②ゆえ　③X．同じ表現にならない　Y．観客に秘密にする　④エ　⑤ア

3　①X．今、ちゃんと生きてここにいるんだ　Y．不思議な存在感を放つ　②(1)ウ　(2)ア　③ルイが欲しがった
　　ことに驚く　④エ　⑤イ

4　①ウ，カ　②イ　③時間と空間を飛び越えた別の世界　④想像力を働かせ続ける　⑤ウ

― 《2022　特別入学者選抜　数学　解答例》 ―

1　①1　②$-\dfrac{1}{6}$　③2　④5a　⑤$-\sqrt{2}$　⑥x^2+x-30　⑦$\dfrac{-1\pm\sqrt{17}}{4}$

2　①ウ　②63π　③$\dfrac{3}{10}$　④7，8　⑤右図

3　①イ　②8　③(1，3)　④(1)$\sqrt{5}$　(2)$\dfrac{\sqrt{2}}{2}$

4　①(あ)35　(い)6　(う)7　②(え)n＋1　(お)6n　③127

5　①(1)4，6　(2)ア，ウ
　　②(1)ア　(2)1日あたりの読書時間について，1年生全員の合計は，
　　20×42＋35×28＝1820(分)である。1年生全員は70人だから，$\dfrac{1820}{70}=26$　(答)26分

6　①$\dfrac{1}{4}$
　　②(い)∠POQ＝90°だから，∠POC＝90°－∠COQである。
　　また，∠COD＝90°だから，∠QOD＝90°－∠COQである。
　　(う)エ　③(1)30　(2)$6\sqrt{3}-9$

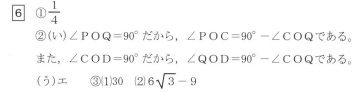

― 《2022　特別入学者選抜　英語　解答例》 ―

1　A．(1)エ　(2)イ　(3)ア　　B．(1)イ　(2)ウ　　C．(1)エ　(2)エ　(3)watch movies in English

2　①(あ)ア　(い)ウ　②(う)park　(え)night　③(お)written　(か)sister　④(1)going　(2)have been looking
　　⑤how to play baseball

3　①エ　②エ　③hot　④イ

4　①ウ　②(1)イ，エ　(2)魚にいつえさを与える　③three　④エ　⑤ウ

5　①doctor　②ア　③イ　④エ　⑤エ→イ→ウ→ア　⑥ウ，エ

━《2022 特別入学者選抜 国語 解説》━

1 ③ ア.「いらっしゃら」(いらっしゃる)という尊敬語と、「れ」(尊敬の助動詞「れる」)を二重に用いているので、適当でない。 イ.「うかがう」は謙譲語(自分側がへりくだる表現)なので、適当でない。 ウ.「おそろいになる」は、「お〜になる」という形の尊敬語。レストラン側から提供する物を高めることになるので、適当でない。「そろっておりますでしょうか」などとするのがよい。 エ.「ご〜になる」は、相手の動作を高める表現なので、適当。

④ 「満足」、ア「拡大」、オ「温暖」は、同じような意味の漢字の組み合わせ。イ「売買」は、反対の意味の漢字の組み合わせ。ウ「年長」は、前の漢字が主語で、後の漢字が述語の形。エ「自立」、カ「最新」は、前の漢字が後の漢字を修飾しているもの。

⑤(1) 【発表原稿】の1〜2行目で、「馬耳東風」の意味が説明されている。 (2) 【発表原稿】の後ろから3行目に「著書の中で〜と述べておられます」とある。 (3) 「春の訪れを喜ぶ人間の姿との対比」で「きわ立」つものが入る。それは、【発表原稿】の後ろから1〜2行目で「春の訪れに心躍らせる人たちの姿が、<u>何の感動も示さない馬の様子をきわ立たせる</u>」と述べている。下線部にあたる七字は、【発表原稿】の3〜4行目に「馬の無関心ぶり」とある。 (4) 【発表原稿】の5行目に「ところでみなさん、李白はなぜ〜用いたのでしょうか」とあるので、アが適する。イの「複数の資料から得た情報を専門家の見解と照合し」、ウの「実体験をもとに独自の答えを導き出している」、エの「書籍の奥付の内容をすべて明示して」は適さない。

2 ① 「リアリスティックな美しさ」は、世阿弥(ぜあみ)のいう「まことの花」と同じ意味。直前の「散る宿命にあることを凝視した上でなお追究していく」、直後の世阿弥の言葉の「散るからこそ、また咲く頃になると、美しいと感嘆するのである」から、イが適する。「リアリスティックな」とは、写実的な、現実主義的な、現実的な、という意味。

③X 「この『花の戦略』」は、その前で「戦略的な様相を呈している」と言っている、世阿弥の「いづれの花か〜まづ花と知るべし」という言葉を受けている。その中で述べている演技者の努力とは、「『住する』(停滞する)ことなき努力」、つまり「<u>同じ表現ばかりに留(とど)まっていない</u>」ように努力すること。 Y 「『秘すれば花』の境地」については、──ⓒの直後で説明されている。「この『秘すれば花』は、あたかも軍事作戦の最高機密にかかわるような話でしょう。『これは花ですよ』ということが<u>観客に知られず</u>、ただ面白いと感じてもらえる場合こそが、演技者にとっての花なのだ」から、下線部にあたる内容が入ると考えられる。

④ ──ⓓは「ただその時々の求めに役立つもの」という意味。「その時々の求め」とは、「<u>人々心々</u>(にんにんこころごころ)」が求めるものである。「それぞれの人の心によって花もまた多様なものである」、つまり、観客の好みは多種多様であるから、そのときどきの観客の要求に応えること(そのときどきの観客が望む演技をすること)が大事だということを言っている。よって、エが適する。

⑤ 本文中で「世阿弥は<u>能の演技のありよう</u>を、『花』という言葉で表現しています」「こうした言葉の中にも、世阿弥の<u>能理論</u>〜がわかります」「つまり、世阿弥が言う『花』は〜<u>演技者の演技と観客の心とが通じ合う瞬間に生じるもの</u>と言えるのでしょう」と述べていることから、アが適する。イの「ロマンティックな」、ウの「秘技を開放すること」、エの「〜の是非」は適さない。

3 ①X 実弥子(みやこ)がはっとした、直前のまゆの言葉「こんなふうに描いてもらうと、自分が<u>今、ちゃんと生きてここにいるんだって、気がついた気がする……</u>」より。 Y まゆの言葉を聞いて、実弥子が「描かれた絵の中には、今まで見えていなかったその人が見えてくる〜<u>不思議な存在感を放つ姿が</u>」と考えている。

②(1)　まゆの「離れる……？　どういうことですか？」という質問に、実弥子が「でき上がった絵は、ひとつの作品だから、でき上がった瞬間に、作者の手から離れて、まわりに自分を見てもらいたいな、という意志が生まれるのよ。それは作品自体の心。描いた人の心とは別に、新しく生まれるの」と説明している。この内容に、ウが適する。　　　(2)　自分の描いた絵を見せる気持ちになったのである。直前に「背筋を伸ばした」とあるから、きちんとした姿勢になった、つまり、見た人の意見を真剣に聞こうとする態度になったことがわかる。よって、アが適する。ルイから「見せてよ」と言われたことが決め手となったが、その前の「今ルイくんの描いたこの絵〜ルイくんだけが見て、満足すれば、それでいいと思う？」という実弥子からの問いかけによって、自分以外の人に見てもらうことの意味を自覚したのだと考えられる。

③　「目を丸くする」は、驚いて目を見張る様子。まゆが驚いたのは、ルイが「これ（まゆが描いたルイの絵を）、ほしい」と言ったことである。「ええっ!?」という反応にも、その驚きが表れている。

④　直前に「『〜そのルイくんの絵を、私がもらったりしても、いいってこと？』まゆちゃんが〜自分が描かれたルイの絵を見た」とあり、直後に「ルイが描いた自分の顔が、自分を見ている〜ルイが見ていた自分。<u>自分が、他の人の目に映っているということを初めて知った気がした</u>のだった」とある。下線部は、最初にルイの描いた自分を見たときに「こんなふうに描いてもらうと、<u>自分が今、ちゃんと生きてここにいるんだって、気がついた気がする</u>……」と思ったことである。よって、エが適する。

⑤　ア.「他者の視線を気にするあまり不安を募らせるまゆ」の様子は描かれていない。　ウ.「恥ずかしさもすっかり消えた」は誤り。絵を見せた後で「やっぱり〜はずかしい」と言っている。　エ.「ルイの〜作品から絵を描く意義を<u>見いだし</u>」は誤り。まゆの言葉から『なんのために絵を描くのか』という問いの答えが、<u>もしかすると</u>こうした絵の中にあるの<u>ではないか</u>」と思ったのである。また、実弥子が「自分も芸術家として優れた作品を描こうと決めた」という内容もない。　よって、イが適する。

④① 本文2〜6行目で「旅に出るというのは、未知の場所に足を踏み入れること〜新しい場所へ向かうこと〜人を好きになることや新しい友だちを作ること、はじめて一人暮らしをしたり、会社を立ち上げたり、いつもと違う道を通って家に帰ることだって旅の一部だと思うのです」と述べていることに、ウとカが適する。

③　　d　のある段落で「闇のなかで壁に向かって〜何を伝えたかったのでしょう〜何を表しているのでしょうか」と問いかけたうえで、直後の段落で「闇のなかで描くという行為そのものが、<u>時間と空間を飛び越えた別の世界</u>と自分とをつなぐ身ぶりそのものだったのではないでしょうか。壁に向かって絵を描く〜という行為を通じて、ある種のトランス状態のなかで〜<u>四次元の世界</u>と現実の世界を行き来していたように思えてなりません」と述べている。

④　「世界中のあらゆる場所（現実の、物質的な空間）をくまなく見て回ったとしても」、それとは「別の世界」があるから、旅を続けられるのである。では、「別の世界」に行くにはどうしたらいいのか。「その（別の）世界への通路は〜<u>想起する力</u>によって自分自身の中に引っ張り込むことも可能になるでしょう」「現実の世界とは別の世界を探す〜精神の冒険であり、心を揺さぶる何かへと向かう<u>想像力の旅</u>へとつながっていきます」と述べている。

⑤　「いま生きているという冒険」とは、2段落目で「生きることはすなわちそういった冒険の連続」だと述べたもの。「そういった冒険」とは、その前で述べた「孤独を感じたり、不安や心配がつきまとい〜常に少数派で〜自分の世界と他者の世界のはざまにあって〜問いをつきつけられる」という旅のこと。そのような旅をすると「ぼく」はどうなるのか。それは、後ろから3段落目で「旅をすることで世界を経験し、想像力の強度を高め、自分自身を未来へと常に投げ出しながら〜新しい世界を〜なんとか受け入れていきたい〜そうすれば〜世界のなかにいるたった一人の『ぼく』として生きていける気がする」と述べられている。ここから、ウのような思いが読み取れる。

1 ① 与式＝－5＋6＝1

③ 与式＝9－7＝2

④ 与式＝$\dfrac{15a^4b^3}{3a^2b \times ab^2}$＝5a

⑤ 与式＝$2\sqrt{2}-\dfrac{6\sqrt{2}}{2}$＝$2\sqrt{2}-3\sqrt{2}$＝$-\sqrt{2}$

⑥ 与式＝$x^2+(6-5)x+6\times(-5)$＝x^2+x-30

⑦ 2次方程式の解の公式より，$x=\dfrac{-1\pm\sqrt{1^2-4\times2\times(-2)}}{2\times2}=\dfrac{-1\pm\sqrt{17}}{4}$

2 ① 6xより10小さい数と，4xより20大きい数が同じになるのだから，子供の人数をx人とすると，「1人に6本ずつ配ると10本(1)不足し，1人に4本ずつ配ると20本(2)余ります。」ということばの組み合わせになる。

② できる円柱は，底面の半径が6÷2＝3（cm），高さが7cmとなるので，体積は，$3^2\pi\times7$＝63π（cm³）

③ 【解き方】引いたくじは戻さないので，樹形図で考えるとよい。

あたりくじ3本を①，②，③，はずれくじ2本を1，2
とする。くじの引き方は右樹形図のように20通りあり，
2人ともあたりを引くのは，☆印の6通りだから， 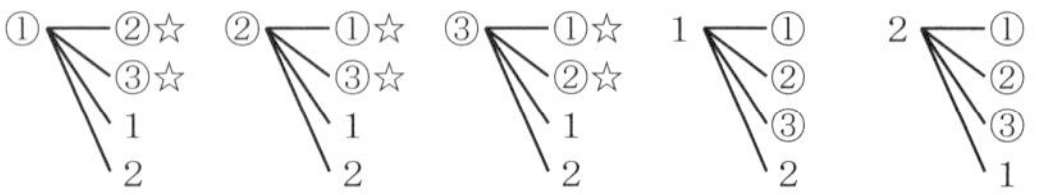
求める確率は，$\dfrac{6}{20}=\dfrac{3}{10}$

④ $2.5=\sqrt{(2.5)^2}=\sqrt{6.25}$，$3=\sqrt{3^2}=\sqrt{9}$なので，$\sqrt{6.25}<\sqrt{a}<\sqrt{9}$より，条件に合うaの値は，7，8である。

⑤ 半円の弧に対する円周角は90°になることを利用すると，∠ACB＝90°であることから，CはABを直径とする円周上にあるとわかる。また，AC＜BCなので，CはABを直径とする円（円の中心はM）と直線ℓとの交点のうち，AC＜BCを満たす方の点になる。

3 ① 式が$y=$m$x+$n（m，nは定数）で表せるとき，yはxの一次関数となる。また，式が$y=$mxで表せるとき，yはxに比例する。関数$y=2x+1$は$y=$m$x+$nの式だから，一次関数であり，$y=$mxの式で表せないから，比例ではない。関数$y=2x$は比例であるが，$y=$m$x+$nの式でも表せる（m＝2，n＝0）ので，一次関数であるといえることも覚えておこう。

② 【解き方】（変化の割合）＝$\dfrac{（yの増加量）}{（xの増加量）}$だから，（yの増加量）＝（変化の割合）×（xの増加量）で求められる。
関数$y=2x+1$の変化の割合は傾きに等しく2であるから，xの増加量が4のときのyの増加量は，2×4＝8

③ 【解き方】Cは2直線の交点だから，2直線の式を連立方程式として解く。
$y=x+2$…（ⅰ），$y=2x+1$…（ⅱ）とする。（ⅰ）に（ⅱ）を代入すると，$2x+1=x+2$　　$x=1$
（ⅰ）に$x=1$を代入すると，$y=1+2$　　$y=3$　　よって，Cの座標は，C（1，3）

④ 【解き方】三平方の定理を利用して，それぞれの線分の長さを求める。 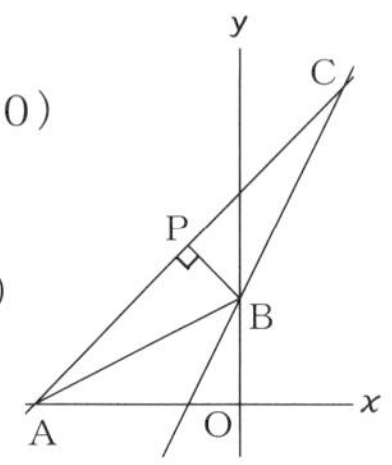
Aは直線$y=x+2$上の点で，y座標が$y=0$だから，$0=x+2$より，$x=-2$なので，A（－2，0）
Bは直線$y=2x+1$の切片だから，B（0，1）　　三平方の定理を利用すると，
AB＝$\sqrt{（AとBのx座標の差）^2+（AとBのy座標の差）^2}=\sqrt{\{0-(-2)\}^2+1^2}$＝$\sqrt{5}$（cm）
BC＝$\sqrt{（BとCのx座標の差）^2+（BとCのy座標の差）^2}=\sqrt{1^2+(3-1)^2}=\sqrt{5}$（cm）
よって，△ABCはBA＝BCの二等辺三角形だから，
AP＝$\dfrac{1}{2}$AC＝$\dfrac{1}{2}\sqrt{（AとCのx座標の差）^2+（AとCのy座標の差）^2}=\dfrac{1}{2}\sqrt{\{1-(-2)\}^2+3^2}=\dfrac{3\sqrt{2}}{2}$（cm）
BP＝$\sqrt{AB^2-AP^2}=\sqrt{(\sqrt{5})^2-(\dfrac{3\sqrt{2}}{2})^2}=\dfrac{\sqrt{2}}{2}$（cm）

4 ① ストランドの太さは，1周目が15mmで，ここから1周するごとに5×2＝10(mm)太くなる。よって，3周目のストランドの太さは，15＋10×(3－1)＝(あ)<u>35</u>(mm)

ストランドの太さが65mmのときは，1周目より65－15＝50(mm)太いから，1＋50÷10＝(い)<u>6</u>(周目)とわかる。また，一辺に並ぶ円の個数は，周の数より1大きいから，6＋1＝(う)<u>7</u>(個)とわかる。

② 一辺に並ぶ円の個数は，周の数より1大きいから，n周目のときは(え)<u>n＋1</u>(個)ある。

図4より，n＋1(個)の囲みが6つあるから，この囲みで数えた円は6×(n＋1)個になる。各頂点の円を2回数えており，頂点の数は6個だから，円の個数を表す式は，6×(n＋1)－6＝6n＋6－6＝(お)<u>6n</u>である。

③ **【解き方】**①の表より，ストランドの太さが65mmとなるのは6周目だとわかる。素線は，各周目の素線の数と芯の素線1本(図2，図3で色が塗られていない素線)を合わせて求める。

②より，n周目にある素線の本数は6n本なので，求める本数は，

6×1＋6×2＋6×3＋6×4＋6×5＋6×6＋1＝6×(1＋2＋3＋4＋5＋6)＋1＝127(本)

5 ①(1) 35÷2＝17余り1より，中央値は，記録を大きさ順で並べたときの18番目の記録である。1年1組について，利用回数が4回未満の生徒が5＋11＝16(人)，6回未満の生徒が16＋10＝26(人)なので，中央値が入っている階級は，4回以上6回未満の階級である。

(2) ア．利用回数が8回以上の人数は，1年1組が2＋3＝5(人)，1年2組が6＋3＝9(人)だから，正しい。

イ．利用回数の分布の範囲は，(最大値)－(最小値)で求められるが，ヒストグラムから最大値，最小値の正確な値はわからないので，正しいとはいえない。 ウ．最頻値は，最も度数の多い階級の階級値なので，1年1組が(2＋4)÷2＝3(回)，1年2組が(6＋8)÷2＝7(回)となるから，正しい。

エ．階級の幅は，どちらのヒストグラムも2－0＝2(回)なので，正しくない。

②(1) 問題の度数分布表の相対度数をよく見て，各階級値と相対度数を正しく対応させているものを選ぼう。

(2) (平均値)＝(合計)÷(人数)より，(合計)＝(平均値)×(人数)であることを利用して，各グループの読書時間の合計から，1年生全員の読書時間の合計を求め，そこから平均値を求める。

6 ① 図1について，重なる部分は正方形OPCQであり，この1辺の長さは正方形ABCDの1辺の長さの$\frac{1}{2}$倍だから，面積は正方形ABCDの面積の$\frac{1}{2}×\frac{1}{2}＝\frac{1}{4}$(倍)である。図2について，重なる部分は△OCDであり，これは正方形ABCDの対角線でわけられた4つの合同な三角形の1つだから，面積は正方形ABCDの$\frac{1}{4}$倍である。

② △OPC≡△OQDより，△OPC＝△OQD，(四角形OPCQの面積)＝△OPC＋△OCQ，△OCD＝△OQD＋△OCQだから，(四角形OPCQの面積)＝△OCDとなる。

③(1) OからCDに対して垂線ORをひくと，OE＝6cm，OR＝6×$\frac{1}{2}$＝3(cm)より，△OERは3辺の長さの比が1：2：$\sqrt{3}$の直角三角形だとわかる。よって，∠PEC＝30°

(2) **【解き方】**(1)をふまえ，CE→CP，の順で長さを求める。

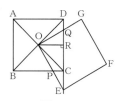

△OERについて，RE＝$\sqrt{3}$OE＝3$\sqrt{3}$(cm) RC＝OR＝3cm

よって，CE＝RE－RC＝3$\sqrt{3}$－3(cm)

△PECは3辺の長さの比が1：2：$\sqrt{3}$の直角三角形だから，CP＝$\frac{1}{\sqrt{3}}$CE＝$\frac{3\sqrt{3}-3}{\sqrt{3}}＝\frac{9-3\sqrt{3}}{3}＝3-\sqrt{3}$(cm)

よって，△PEC＝$\frac{1}{2}$×CE×CP＝$\frac{1}{2}$×(3$\sqrt{3}$－3)×(3－$\sqrt{3}$)＝6$\sqrt{3}$－9(cm²)

1　A⑴　「ベッドの上で2匹の猫が寝ています」より，エが適当。　　⑵　「午前は数学の授業，午後は英語の授業があります」より，イが適当。　　⑶　「ヨウコはミカより速く走りますが，アヤほど速く走りません」より，アが適当。

B⑴　A「昨日美術館の近くの新しい図書館に行ったよ」→B「どうだった？」の流れより，イ「気に入ったよ。本がたくさんあるよ」が適当。　　⑵　A「まもなく夕食の準備ができるわ」→B「ああ，おなかがすいた。このアイスクリームを今食べてもいい？」の流れより，ウ「だめよ。夕食の後にしなさい。その方がいいわ」が適当。

C　【放送文の要約】参照。

⑶　「どのように英語を勉強すればいいですか？」に対して自由に答える。4語以上の条件を守ること。(例文の訳)「あなたは英語で映画を見るべきだと思います」

【放送文の要約】

　僕の夏の体験についてお話しします。7月25日，サンビーチに行きました。⑴エ最初の写真を見てください。僕と一緒に泳いでいる男の子は弟のダイキです。僕たちは泳いで楽しみました。8月5日，友達のマイクと一緒に夏祭りに行きました。これが2番目の写真です。マイクがたくさんの踊る人たちを見たとき，彼は僕にその踊りの歴史について尋ねました。僕はそれについて知っていることがありましたが，英語で質問に答えることができませんでした。⑵エだから今はもっと英語を勉強しなければならないと思っています。どのように英語を勉強すればいいですか？

2　①(あ)　谷先生の発言「みなさんは起きてから何をしましたか？」より，ダンの発言はアが適当。change one's clothes「服を着替える」　　(い)　直後の部分が直前の部分の理由になっているので，ウが適当。

②(う)　メモの一部の「駅，大きな公園，多くの庭園や寺院」より，park「公園」が適当。　　(え)　メモの一部の「夜空が美しい」より，the sky at night「夜空」が適当。

③(お)　ダンの発言「この本をご存知ですか？」より，谷先生の発言は「川端康成によって書かれた本だよ」が適当。過去分詞(＝written)と語句が後ろから名詞(＝book)を修飾する形にする。　　(か)　リコの発言「『aunt』はどういう意味ですか？」より，谷先生の発言は「誰かの父や母の姉(妹)(＝sister)だよ」となる。

④⑴　like の直後に動詞を重ねて使うときは動名詞にするから going「行くこと」が適当。。to go でもよい。

⑵　「ずっと探している」という意味の現在完了進行形〈have/has＋been＋~ing〉「ずっと~している」の文にする。　　・look for ~「~をさがす」

⑤　ダンの質問「どの活動に参加するつもりなの？」に対してリコが「□□□□□□□□□□を子どもたちを教えたい」と答えている。「野球のやり方」＝how to play baseball や「写真の撮り方」＝how to take pictures などで答える。　　・how to ~「~のやり方」

3　【本文の要約】参照。

①　連絡用紙の　(あ)　の直後の2文より，3時30分にクラブミーティングが終わり，お別れ会は30分後の4時から始まることがわかる。

②　連絡用紙の最後の1行「パーティーについて彼女に言ってはいけない。彼女を驚かせたい」より，エ「部員はデンビー先生にこのパーティーについて言ってはいけない」が適当。

③　うちわを使う夏の気候だから，hot「暑い」が適当。

④　連絡用紙の右上 July 15 より，この連絡用紙は7月15日の金曜日に配られたことがわかる。Things to bring「持ち物」の2つ目の・に，次の水曜日にデンビー先生に贈る物のアイデアを言ってほしいとあるので，7月20日より前のイが適当。

エミ 　：あなたは先週の金曜日のクラブミーティングに来なかったわね。フミカからのメッセージよ。デンビー先生がいなくなるの。

マット：え，そうなの？僕らのＡＬＴの？彼女がいなくなると寂しいよ。

エミ 　：私も。それで，先生に何を贈るべきかな？

マット：うちわはどう？夏の ($い$)暑い（＝hot）ときに使えるよ。

エミ 　：いいわね。明日フミカに私たちの考えを伝えなくちゃ。

4 【発表の要約】参照。

① グラフより，2019 年には養殖業の生産量が全体の半分以上になっていることがわかる。

② 第4段落から，必要な部分を日本語で答える。2～3行目より，イ「食べるえさの量」，エ「天気」，「海中の環境」を確認でき，4～5行目より，「魚に与える適正なえさの量」と「魚にいつえさを与えるべきか」を決められることがわかる。

③ 第3段落3～4行目より，約12か月から約9か月に3か月短縮されたことがわかる。

④ 直後にユウヤが緑色の光がヒラメに効果がある理由を説明しているので，エ「どうして養殖業者は緑色の光を選ぶのかしら？」が適当。

⑤ ア「新技術によって，×漁船漁業による生産量が増えると予想されます」　イ「養殖業に利用される新技術は，×人々の健康に害があります」　ウ○「養殖業に新しい技術を利用することは，人と自然の両方に役立つかもしれません」　エ×「えさに関する問題を解決したいなら，すべての養殖業者は新しい技術を利用しなければなりません」…本文にない内容。

【発表の要約】

　あなたは1年間にどれだけの魚を食べますか？現在，世界の人々はさらに多くの魚を食べています。安定した魚の生産量を維持する必要があります。

　グラフを見てください。漁船漁業の生産量は 1985 年頃からほぼ横ばいでした。しかし，養殖業は拡大し，2019 年には魚の生産量の約(あ)ウ 55 ％は養殖業によるものになりました。なぜでしょう？新しい技術を使った養殖業は，魚の生産量に良い効果をもたらしたと思います。いくつか例を紹介します。

　養殖業者は通常，魚を育てるのに光が必要です。ヒラメに緑色のＬＥＤ灯を使用しているものもあります。より効果的な光を使うと，ヒラメはより多く泳ぎ，より多くのえさを食べ，より速く成長します。③以前はヒラメを育てるのに約 12 か月かかりましたが，今では約9か月です。緑色のＬＥＤ灯とヒラメの養殖期間の短縮によって，養殖業者はお金を節約できます。将来はもっと安いヒラメが食べられるかもしれません。

　別の例も見つけました。お金の大部分は魚のえさに使われます。②(1)ＡＩ技術を利用することで，養殖業者は魚が食べるえさの量，天気，海中の環境を確認できます。養殖業者はスマートフォンを通じてそれらに関するすべてのデータを取得します。それで，②(2)魚に与える適正なえさの量と，魚にいつえさを与えるべきかを決めることができます。⑤ウ今では魚にえさをやるのにスマートフォンを使うだけで済みます。彼らに適切な量のえさを与えることは重要です。養殖業者は海の水をきれいに保つことができるからです。

　新しい技術が養殖業の方法を変えています。それは，養殖業者が魚の生産量を維持し，魚を養殖する費用を節約するのに役立つかもしれません。それはまた人々が魚を食べ続けそして環境を保護するのに役立つかもしれません。

サキ　：ユウヤ，ヒラメの飼育期間が短縮されているのにびっくりしたよ。差は約(う)3（＝three）か月だよ！

ユウヤ：その通りだね。

サキ　：すごいことだね。ちなみに，(え)ェどうして養殖業者は緑色の光を選ぶのかしら？

ユウヤ：そうだね，太陽光は主に赤色，緑色，青色の光を含んでいるよ。それぞれの光には，海のさまざまな深さに達するさまざまな波長があるんだ。養殖業者は，ヒラメは特に緑色の光によって水中で大きくなる可能性があると言っているね。

サキ　：興味深いわ！

5 【本文の要約】参照。

① 病気のときに行くのは doctor「医者」のところである。

② 直後の3文にイ，ウ，エのことが書かれている。アが適当。

③ （う）置き薬システムでは，最初に薬を置いてきて，あとから代金を回収するので，use first, pay later「最初に使い，あとから支払う」が適当。　　（え）輸送手順が簡略化されたことで，コストが下がったと考えられる。

④ ・take care of oneself「自分の健康を気遣う」

⑤ エ「彼女はインドでボランティア活動を始めました」→イ「彼女はニジェールでボランティア活動をしました」→ウ「彼女は置き薬システムのアイデアを思いつきました」→ア「彼女はアフリカで非営利組織を立ち上げました」

⑥ ア「ニジェールの人々は，彼女がお願いした×直後に薬を手に入れ始めました」　イ「彼女は×ニジェールに滞在している間に，薬のシステムについてのアイデアを思いつきました」　ウ○「彼女は現在のニジェールの生活を見たとき，江戸時代の生活を思い出しました」　エ○「アフリカの人々は彼女の非営利団体のチームから，彼らの健康について役に立つアドバイスを受けました」　オ×「彼女はアフリカ全土に置き薬システムを広め終えました」…本文にない内容。

【本文の要約】

　薬のない生活を想像できますか？世界中の多くの人々は，病気のときに薬を買うことも(あ)医者（＝doctor）に行くこともできません。これはアフリカの人々を助けているひとりの日本人女性のお話です。

　彼女は大学生の時，⑤ェインドでボランティア活動をしました。彼女は，医療を受けられない貧しい人々がたくさんいることを知りました。⑤ィその後，彼女は別のボランティア活動に参加するためにニジェールに行きました。彼女はそこで人々に薬が重要であると言い続けましたが，それでも彼らはそれを手に入れることができませんでした。それにはいくつかの理由がありました。②ィ彼らにとって医療費は高すぎました。②ゥさらに，離れたところにある村の人々は，都市の病院に行くために時間とお金を使わなければなりませんでした。また，②ェ人々は病院で何時間も待たなければなりませんでした。彼女は考え始めました。「必要とする人々に薬を届けるために，私に何ができるだろうか？どうすれば地方の人々が利用できる持続可能なシステムを作ることができるだろうか？」答えを見つけるために，彼女は日本に戻り，薬とビジネスについてさらに学びました。最後に，⑤ゥ彼女は置き薬システムと呼ばれるアイデアを思いつきました。

　置き薬について聞いたことがありますか？約300年前に始まった日本の伝統的な「(う)最初に使い，後から支払う」薬システムです。江戸時代には，簡単に都会には行けず，家族の人数もかなり多かったので，薬がいっぱい入った置き薬の箱を家に置いていました。これらの箱が家々に置かれ，代金は薬を使ったあとに回収されました。この制度が普及しました。⑥ゥそのときのニジェールでの生活が彼女に江戸時代の生活を思い出させました。彼女は置き薬がニジェー

ルの人々にも役立つと思いました。

⑤ァ彼女はアフリカで置き薬システムを広めるために，2014 年に他のメンバーと非営利団体を設立しました。彼女のチームは地方の人々が必要とする薬を選び，置き薬の箱に入れました。その後，メンバーは箱を離れたところにある村に輸送し始めました。薬を輸送するのに時間がかかりました。置き薬は新しいシステムだったからです。それは困難で費用がかかりました。しかし，後により多くの村がこのシステムに加わり，輸送手順が簡略化されました。それは輸送費を(ぇ)下げました（＝lower）。⑥ェチームはアフリカの村の人々に治療のアドバイスもしました。置き薬システムのおかげで，今ではそこに住む人々は安全な薬とともに暮らせるようになりました。このシステムは，人々がいくつかの医療の問題を解決するのに役立っています。

彼女は言いました。「アフリカのすべての人々が薬を手に入れるべきです。将来的には，この置き薬システムを使って地元の人が(ぉ)ェアフリカで自分の健康を気遣ってくれることを願っています。それが私の目標です。彼らのより良い生活のために，私たちは本当に，世界中のより多くの人々に私たちの活動について知ってもらい，私たちをサポートしてもらいたいのです」彼女の夢は始まったばかりです。

■ ご使用にあたってのお願い・ご注意

（1）問題文等の非掲載

著作権上の都合により，問題文や図表などの一部を掲載できない場合があります。

誠に申し訳ございませんが，ご了承くださいますようお願いいたします。

（2）過去問における時事性

過去問題集は，学習指導要領の改訂や社会状況の変化，新たな発見などにより，現在とは異なる表記や解説になっている場合があります。過去問の特性上，出題当時のままで出版していますので，あらかじめご了承ください。

（3）配点

学校等から配点が公表されている場合は，記載しています。公表されていない場合は，記載していません。

独自の予想配点は，出題者の意図と異なる場合があり，お客様が学習するうえで誤った判断をしてしまう恐れがあるため記載していません。

（4）無断複製等の禁止

購入された個人のお客様が，ご家庭でご自身またはご家族の学習のためにコピーをすることは可能ですが，それ以外の目的でコピー，スキャン，転載（ブログ，ＳＮＳなどでの公開を含みます）などをすることは法律により禁止されています。学校や学習塾などで，児童生徒のためにコピーをして使用することも法律により禁止されています。

ご不明な点や，違法な疑いのある行為を確認された場合は，弊社までご連絡ください。

（5）けがに注意

この問題集は針を外して使用します。針を外すときは，けがをしないように注意してください。また，表紙カバーや問題用紙の端で手指を傷つけないように十分注意してください。

（6）正誤

制作には万全を期しておりますが，万が一誤りなどがございましたら，弊社までご連絡ください。

なお，誤りが判明した場合は，弊社ウェブサイトの「ご購入者様のページ」に掲載しておりますので，そちらもご確認ください。

■ お問い合わせ

解答例，解説，印刷，製本など，問題集発行におけるすべての責任は弊社にあります。

ご不明な点がございましたら，弊社ウェブサイトの「お問い合わせ」フォームよりご連絡ください。迅速に対応いたしますが，営業日の都合で回答に数日を要する場合があります。

ご入力いただいたメールアドレス宛に自動返信メールをお送りしています。自動返信メールが届かない場合は，「よくある質問」の「メールの問い合わせに対し返信がありません。」の項目をご確認ください。

また弊社営業日（平日）は，午前９時から午後５時まで，電話でのお問い合わせも受け付けています。

2025 春

株式会社教英出版
〒422-8054　静岡県静岡市駿河区南安倍３丁目 12-28
TEL　054-288-2131　　FAX　054-288-2133
URL　https://kyoei-syuppan.net/
MAIL　siteform@kyoei-syuppan.net